Inhalt · Contents

Jeroen de Rijke
Willem de Rooij

Kunsthalle Zürich
JRP/RINGIER

Beatrix Ruf

Vorwort

Jeroen de Rijke (geb. 1970) und Willem de Rooij (geb. 1969) arbeiten seit 1994 zusammen. Ihr Werk kreist um die Problematik der Repräsentation in künstlerischen und medialen Bildern, kulturgeschichtlichen Artefakten, gesellschaftspolitischen Formen. In Filmen und Fotografien operieren die Künstler mit der „Schönheit" bekannter Kompositions- und Formprinzipien und der verführerischen Projektionsfläche, die diese für uns darstellt. De Rijke / de Rooijs Bilder irritieren dabei immer, denn ihre meist auf eine Einstellung, eine Handlung oder ein Objekt konzentrierten und reduzierten Bilddestillate intensivieren den Zweifel am „Bild" und initiieren einen Diskurs über unsere kulturell geprägten Lesarten von Erscheinungen, über das, wie wir Bilder benutzen und wie diese uns prägen.

De Rijke / de Rooij verschränken Bilder und Kompositionsprinzipien aus der Geschichte der Malerei wie auch von Kino und Video mit Bildwelten der kommerziellen Bildindustrie und formalästhetischen Elementen der zeitgenössischen Kunst. Ihre Filme entstehen unter Einsatz des professionellen Filmindustrie-Apparates. Gezeigt werden sie nicht im Kino, sondern ausschließlich in Räumen für Kunst, dort aber beanspruchen die Künstler ein optimales Kinosetting, kontrollieren sowohl auf bildlicher, auditiver wie installativer Ebene die Wahrnehmung der Arbeiten bis ins letzte Detail. Der Ausstellungsraum ist wie eine Skulptur behandelt, definiert durch die technische Apparatur und die Sitzmöglichkeiten, ein hybrider Raum zwischen Kino und Ausstellung, der selbst dann als minimale Skulptur präsent ist, wenn der Film nicht gezeigt wird. Auch die zeitliche Wahrnehmung des Publikums wird durch die Künstler strukturiert, denn der im Ausstellungskontext sonst übliche Endlosloop und die damit verbundene arbiträre Verfügbarkeit der Bilder / der Filme für das Publikum ist verunmöglicht: Vorführungen gibt es zu genau bestimmten Zeiten oder auf Anfrage. De Rijke / de Rooij sind dennoch nicht an den traditionellen Narrationsformen des Kinos interessiert, sie stellen vielmehr die Eigenschaften von Kino und Film als Aggregate des bewegten Bildes frei: Zeit- und Raumerfahrung, Dialoge, Sound, Licht, Einstellung sind je eigene „Akteure" und entwickeln je eigene parallele Qualitäten. Häufig prägt Langsamkeit ihre Filme. Sie verstärkt und macht erst möglich, was im Werk der Künstler zentral ist: das langsame Erschließen der Ambivalenz eines Bildes, einer

Preface

Jeroen de Rijke (b. 1970) and Willem de Rooij (b. 1969) have worked together since 1994. Their work revolves around questions of representation relating to artistic and media images, cultural-historical artefacts and socio-political forms. The two artists produce films and photographs, using the 'beauty' of familiar compositional and formal principles and the tempting projection surface this provides for us. De Rijke / de Rooij's images are always disturbing because they usually concentrate on a single take, action, or object; reduced image distillations intensify doubts over 'the image,' initiating a discourse about our culturally driven readings of phenomena, about how we use images, and how they affect us.

De Rijke / de Rooij mingle images and composition principles from painting history, and also from cinema and video, with pictorial worlds from the commercial image industry, and formal-aesthetic elements of contemporary art. Their films are shot using professional film industry resources. They are not shown in the cinema, but exclusively in art venues. Here the artists insist on the best possible cinema setting, controlling the way their works are perceived down to the last pictorial, sound, or installative detail. The exhibition space is treated like a sculpture, defined by the technical apparatus and the seating, a hybrid space somewhere between a cinema and an exhibition; it is present as a minimal sculpture, even when the film is not being shown. The artists also structure the audience's experience of time, choosing to avoid the endless loops generally used for exhibitions with their associated arbitrary availability of the images / films for the public: performances take place at precisely stated times, or by request. But de Rijke / de Rooij are not interested in the cinema's traditional narrative forms: in fact, they make the qualities of cinema and film available as moving image aggregates: experience of space and time, dialogues, sound, light, focus are 'performers' in their own right and develop their own qualities in parallel. Often slowness is a key feature of their films. It reinforces something that is essential to the artists' work, which would not be possible without it: slowly revealing the ambivalence of an image, a scene, of something presented. So their films often start as an abstract or darkened image, which gradually turns out in the film's own time to be an object, a condition.

Szene, eines Präsentierten. So beginnen ihre Filme oft als abstraktes oder verdunkeltes Bild, das in der Film-Zeit einen Gegenstand, einen Zustand allmählich offen legt.

Die hybriden Erscheinungsformen unserer Gegenwart sind den Künstlern inhaltlich wesentlich und verwandeln ihre abstrakt schönen Arbeiten in gesellschaftspolitische Stücke, da sie kulturell differente Identitäten und Wirklichkeiten transportieren. Als Einwohner eines ehemaligen Kolonialstaates erleben sie die Erscheinungsformen und Probleme kultureller Adaption als hautnah identitätsstiftend, als Kosmopoliten erleben sie diese als globalisiertes Thema eines Zusammenlebens im Zeitalter von Migration und der Hybridisierung kultureller Identität. De Rijke / de Rooij thematisieren das „Eigene" und das „Fremde" dabei im Sinne einer Verfeinerung der Differenzen, die eine intensivierte Aufmerksamkeit für Unterschiede einfordert. So zum Beispiel zeigt eine frühe Arbeit, *Of Three Men* (1998), den Innenraum einer neoromanischen Kirche in Amsterdam, die heute als Moschee genutzt wird. Bildausschnitt und Kameraperspektive erinnern an Kircheninterieurs des Malers Pieter Saenredam. Einzige Handlungselemente sind der Wechsel der Lichtverhältnisse, ein langsames Kreisen des tief hängenden Kerzenleuchters und die seltenen Bewegungen dreier auf dem Boden sitzender Männer. Oder *Bantar Gebang* (2000): In einer einzigen Totalen und in der verklärten Bildmanier eines Pieter Breughels d. Ä. wird der Tagesanbruch in einem Slum außerhalb Djakartas gezeigt und dabei zu einem zunehmend zweifelhaften Bild. Die Bekanntheit bildkompositorischer Referenzen – und die Schönheit der Kompositionen – sind im Werk der Künstler immer überdeterminiert und kippen Repräsentation in kritische Präsenz: Blumen, die ideale Liebe, das Kino, die zentralperspektivische Totale, das Numinose einer Landschaft / der Natur, die Darstellung nicht kommensurabler gesellschaftlicher Realitäten treten in Konflikt mit den Bildern ihrer Repräsentation.

Mit zwei Blumenbouquets, einem 35mm-Film, Fotografien ausgewählter orientalischer Teppiche und einer Gruppe abstrakter 16mm-Filme führte die Ausstellung in der Kunsthalle Zürich Arbeiten der letzten zwei Jahre zusammen. *Bouquet II* (2003) bezieht sich auf Pressefotografien, die im Umfeld der Verurteilung der muslimischen „Ehebrecherin" Amina Lawal zum

The hybrid manifestations of our present are central to the artists' content, transforming their abstract, beautiful works into socio-political pieces, as they convey culturally different identities and realities. As residents in a former colonial state, de Rijke / de Rooij experience the cultural adaptation phenomena and problems as powerful identity generators; as cosmopolitan citizens they experience them as a globalized theme for living together in an age of migration and hybridized cultural identity. Here de Rijke / de Rooij address what is one's 'own' and what is 'alien' as a refinement of the differences that demand more intensive attention to difference as such. Thus for example an early work called *Of Three Men* (1998) shows the interior of a Neo-Romanesque church in Amsterdam that is now used as a mosque.

Picture details and camera angles are reminiscent of church interiors by the painter Pieter Saenredam. Elements of the action include changing light, a low-hanging chandelier circling slowly, and rare movements by three men sitting on the floor. *Or Bantar Gebang* (2000): a single long-shot take in the transfigured pictorial manner of Pieter Breughel the Elder shows daybreak in a slum outside Jakarta; the image becomes increasingly dubious. The familiarity of the pictorial and compositional references—and the beauty of the compositions—are always over-determined in the artists' work and tip representation into critical presence: flowers, ideal love, the cinema, the central-perspective long shot, the numinous quality of a landscape / of nature, the representation of non-commensurate social realities come into conflict with the images of their representation.

The exhibition in the Kunsthalle Zürich brings together works from the last two years, with two bouquets of flowers, a 35mm film, photographs of selected oriental carpets and a group of abstract 16mm films. *Bouquet II* (2003) is based on press photographs that appeared in 2002 relating to the sentence to death by stoning passed on the Muslim 'adulteress' Amina Lawal in March 2002 and the Miss World 2002 performances, which were rendered impossible by numerous riots and victims. Furthermore, principal performers were Azra Akin, Miss World 2002, who was born in Holland, and the Nigerian Miss World 2001, Abgani Darego; Isioma Daniels, a Christian Nigerian, grown up in Britain, who had a Fatwa issued

The Point of Departure
Einladungskarte · invitation Galerie Daniel Buchholz, Köln 2002

Tod durch Steinigung im März 2002 sowie der für November 2002 in Nigeria geplanten und durch zahlreiche Unruhen und Opfer verunmöglichten Durchführung der Miss World-Wahl 2002 erschienen sind. Protagonisten sind des Weiteren die in Holland geborene Miss World 2002, Azra Akin, und die nigerianische Miss World 2001, Abgani Darego, außerdem Isioma Daniels, eine in England aufgewachsene christliche Nigerianerin, die aufgrund der von ihr verfassten Zeitungsartikel unter die Fatwa geriet, und nicht zuletzt die in Somalia geborene Ayaan Hirsi Ali, deren Kritik an linken Integrationsmodellen und anschließender Beitritt zu einer konservativ-rechten Partei zum Vorwurf des Verrats linker Interpretationsmodelle (die sie als Emigrantin fraglos einnehmen sollte) und schließlich zu ihrem US-amerikanischen Exil führte. Elemente der Pressefotografien sind als Blumenkomposition „interpretiert" – eine „verunreinigte" (und vergängliche) Naturschönheit tritt uns entgegen.

Mit wissenschaftlichem Technikapparat und in der Manier abstrakter Experimentalfilme zeigt *Crystals I–IX* (2003) Kristallisationsprozesse von Substanzen wie Pflanzendünger, Vitamin C oder Kobaltchlorid.

Organische Formen verfestigen sich zum abstrakten Bild, Wissenschafts- und Kunstmodelle, Naturformen und Kunstformen hybridisieren.

The Point of Departure (2002) nähert sich seinem Gegenstand Teppich über Lichtreflexe, organisch-abstrakte Formen, Landschaften aus Flusen und Fäden, er rast durch psychedelische Lichtformationen und gleitet langsam entlang floral-abstrakter Muster. Kann man einen Teppich lesen wie einen Text? Bewegen wir uns durch erschließbare Symbole orientalischer Kultur oder pure Ornamentik? De Rijke / de Rooij schicken uns auf eine Reise vom Abstrakten über das Gegenständliche ins Weltall: Am Ende des Films entschwindet der Teppich im unendlich stillen und weiten schwarzen Raum – der Film mutiert zur sphärischen Science Fiction-Szene.

De Rijke / de Rooijs „schöne" Bilder der Ausstellung sind durch „Fremdeinflüsse" mehrfach gebrochen. Sie kreieren einen Diskurs über unsere Vorstellungen von Abstraktion und Gegenständlichkeit, Ornament und Symbol, Klischee und undefinierter Bedeutung, von Brechungen im zeitlichen und kulturgeschichtlichen Empfinden und Verstehen.

against her because of her articles, and Somalian-born Ayaan Hirsi Ali, whose criticism of leftwing integration models and membership of a conservative rightwing party led to the reproach of betraying leftwing interpretation models, which she was expected to accept unquestioningly as an emigrant, and finally led to exile in the USA. Elements from the press photographs are 'interpreted' as floral compositions—we are confronted with an 'impure' (and transient) natural beauty.

Using scientific apparatus and an abstract experimental film approach, *Crystals I–IX* (2003) showed the crystallization processes of substances like plant fertilizer, vitamin C or cobalt chloride. Organic forms come together as abstract images, scientific and art models, natural forms, and art forms hybridize.

The Point of Departure (2002) approaches its subject, a carpet, via light reflections, organic-abstract forms, landscapes of fluff and threads; it rushes through psychedelic light formations and glides slowly along floral-abstract patterns. Can a carpet be read like a text? Are we moving through accessible symbols of oriental culture or pure ornament? De Rijke / de Rooij dispatch us on a journey from the abstract via the representational into the universe: at the end of the film the carpet disappears into the infinitely silent reaches of black space—the film mutates to a starry science fiction film scene.

De Rijke / de Rooij's 'beautiful' images in the exhibition are often refracted by 'alien influences.' They create a discourse about our ideas of abstraction and representation, ornament and symbol, cliché and undefined meaning, of refractions in sensing and understanding in terms of time and cultural history.

This catalogue complements a precisely selected group of works in which de Rijke / de Rooij specifically address the relationship between abstract and objective models of representation. A large number of representative visuals on the work of the two artists, here presented in book form for the first time, are accompanied by several essays that take a variety of scientific and theoretical approaches.

We wish to thank the contributors David Bussel, Sven Lütticken, Jan Verwoert and Onno I.M. Ydema for their varied and illuminating discussions on the work of de Rijke / de Rooij. We are also grateful to Catherine

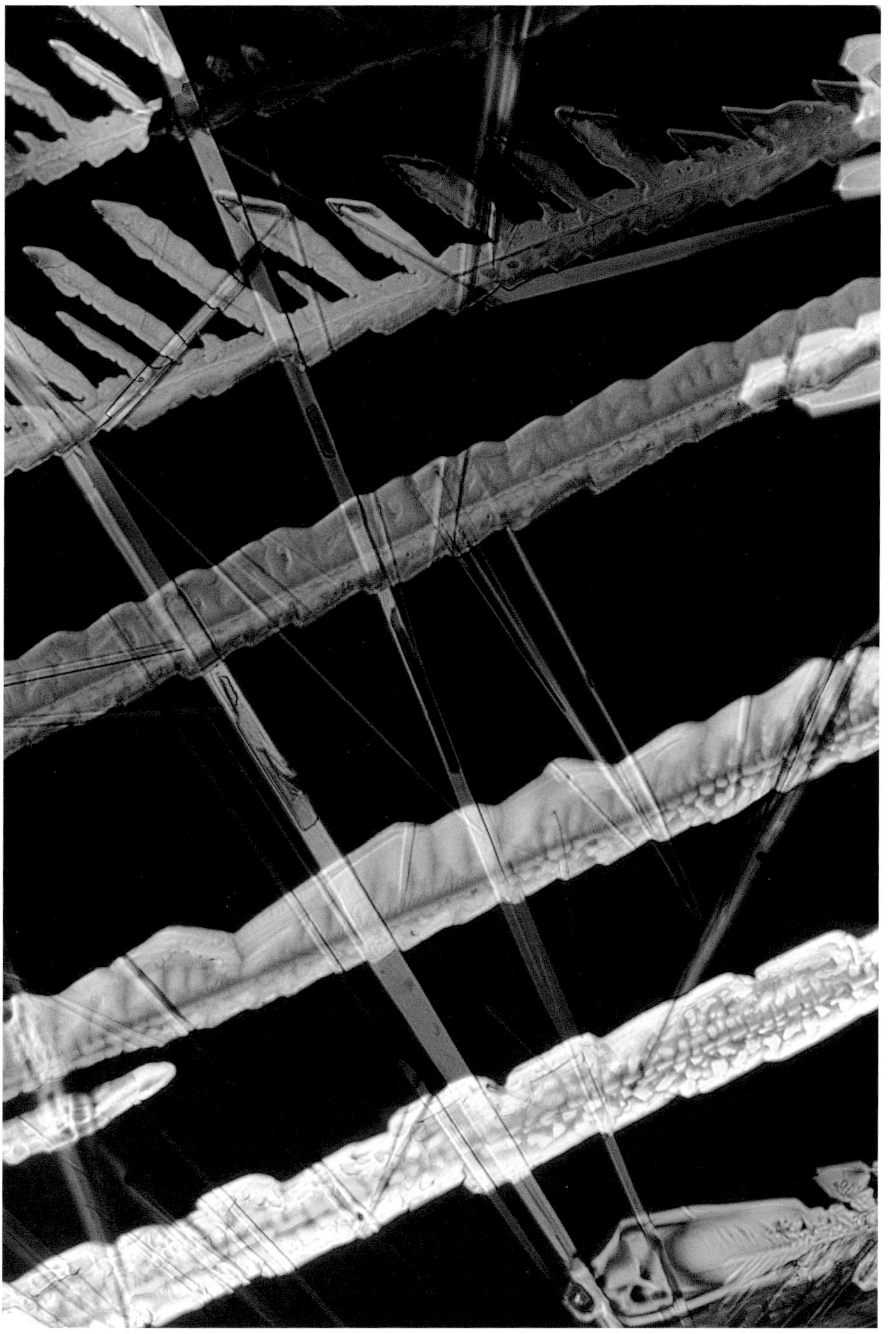

Autonomy
Einladungskarte · invitation Regen Project, Los Angeles 2003

Der hier vorliegende Katalog kreist in Texten mit unterschiedlichen wissenschaftlichen und theoretischen Ansatzpunkten und – erstmals in einer Buchpublikation zum Werk der beiden Künstler – einer großen Gruppe werkrepräsentierenden Bildmaterials um eine präzise ausgewählte Gruppe von Arbeiten von de Rijke / de Rooij, die das Verhältnis von abstrakten und gegenständlichen Repräsentationsmodellen verdichtet darstellen.

Wir möchten den Autoren David Bussel, Sven Lütticken, Jan Verwoert und Onno I.M. Ydema für ihre vielfältigen und erhellenden Zugänge zum Werk der beiden Künstler danken. Den Übersetzern Catherine Schelbert, NANSEN, ManRey Übersetzungen und Michael Robinson gebührt unser großer Dank für die sorgsame Übertragung der Texte aus dem Englischen, Deutschen und Niederländischen, Ralf Schauff für das Lektorat des gesamten Kataloges.

Der vorliegende Katalog entstand in enger Zusammenarbeit zwischen Jeroen de Rijke und Willem de Rooij mit der Grafikerin Yvonne Quirmbach – zusammen mit den Künstlern möchten wir ihr, Christopher Müller und der Galerie Daniel Buchholz für das große Engagement und den enthusiastischen Einsatz für diese Publikation danken.

Besonderer Dank geht auch an die Mondriaan Stichting, die dieses Projekt mit einem großzügigen Beitrag ermöglicht hat.

Schelbert, NANSEN, ManRey and Michael Robinson for their conscientious translations of the texts from English, German, and Dutch, and Ralf Schauff for proofreading the entire catalogue.

The publication is a product of the close collaboration between the two artists and the designer, Yvonne Quirmbach. We wish to join Jeroen de Rijke and Willem de Rooij in thanking her, Christopher Müller and the Daniel Buchholz Gallery for their unstinting and enthusiastic commitment to this publication.

Special thanks also go to the Mondriaan Stichting, whose generous support has made this project possible.

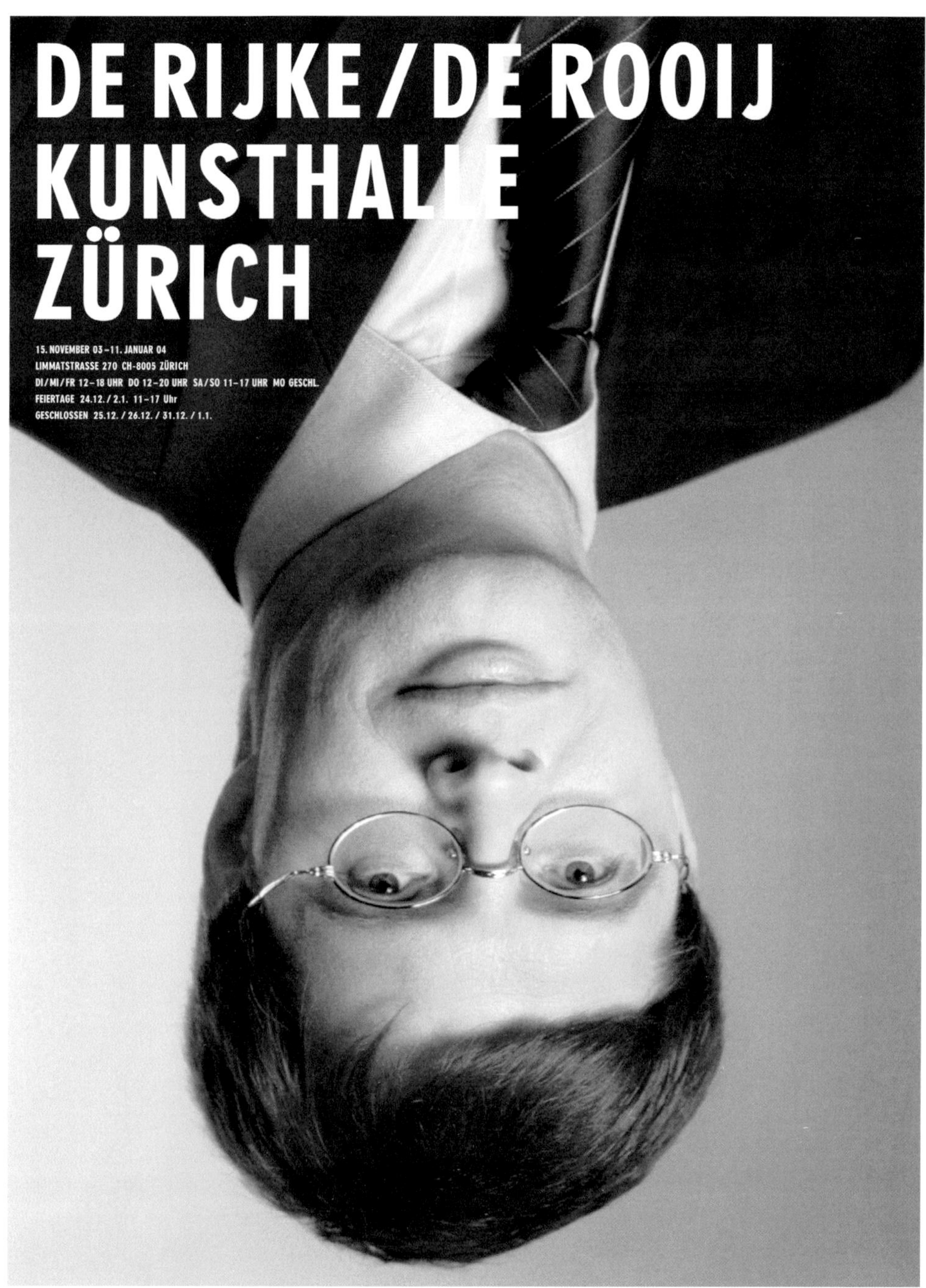

Einladungskarte · invitation Kunsthalle Zürich, 2003

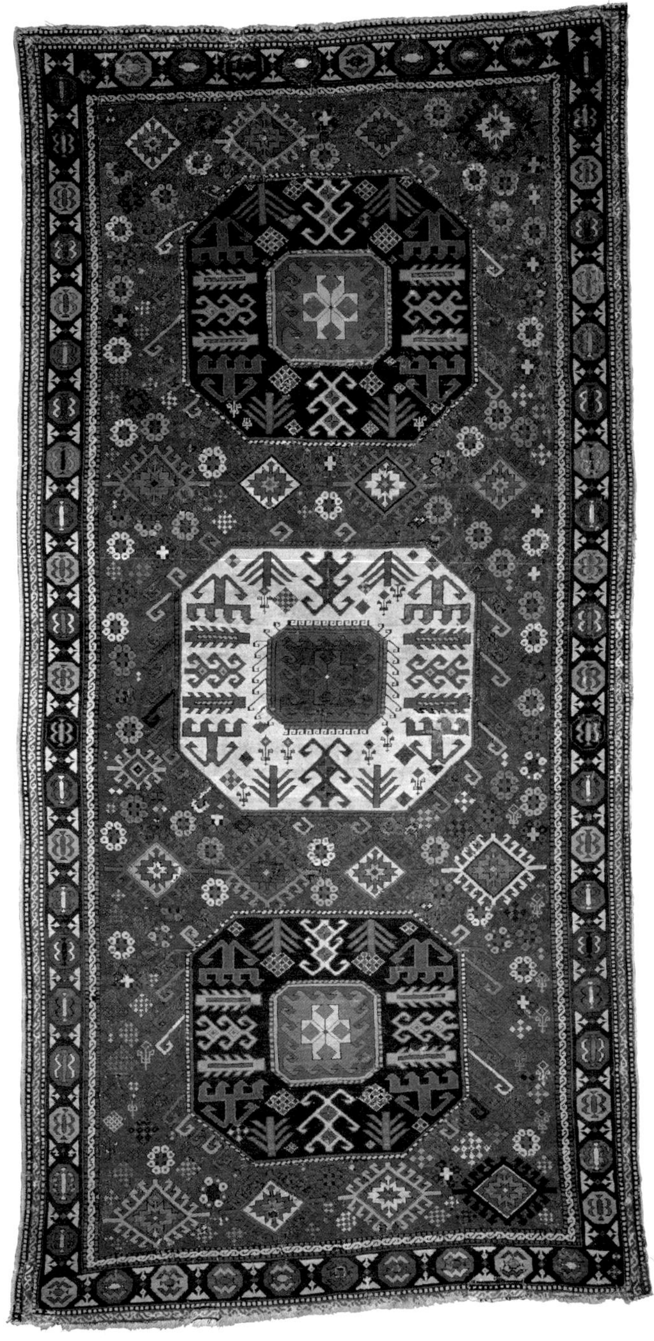

Caucasian Rug with Afshan Motif, Shirwan, 19th century,
250 x 125 cm, Rijksmuseum, Amsterdam

Onno I.M. Ydema

Abstraktion und Zeichenwert in einem kaukasischen Teppich

Herkunft

In der Sammlung orientalischer Teppiche des Amsterdamer Rijksmuseums befindet sich ein Teppich aus dem 19. Jahrhundert, der auf einem einfachen Webstuhl im Kaukasus entstanden ist. Der Teppich wurde dem Museum im Jahre 1975 zum Geschenk gemacht. Donator war G.W. van Aardenne, ein erfolgreicher Industrieller und passionierter Kunstsammler. Sein Domizil in Dordrecht war überreich mit Antiquitäten unterschiedlichster Qualität ausgestattet. Beispielsweise umfasste die Sammlung eine schöne Landschaft von Jan van Goyen, einem Landschaftsmaler des 17. Jahrhunderts. Andere Gemälde lehnten – nicht ganz zu Unrecht – in mehreren Reihen gegen die Wände des Hauses. Auch die 175 Teppiche, die van Aardenne dem Rijksmuseum seinerzeit zum Geschenk machte, sind von unterschiedlicher Qualität. Es gibt darunter einige ausgesprochen schöne Exemplare, aber auch Stücke, die einer kritischen Prüfung heutzutage kaum noch standhalten würden. Einen der geschenkten Bodenteppiche schrieb van Ardennne einer Manufaktur in Lenkoran zu. Lenkoran ist eine an der Südwestküste des Kaspischen Meers im heutigen Aserbaidschan gelegene kaukasische Stadt. Die Geschichte dieses Ortes reicht weit zurück, wie eine in der Nähe gefundene Grabstätte belegt, die einige Jahrhunderte vor Christus eingerichtet worden ist. In späteren Quellen wird Lenkoran gelegentlich erwähnt, beispielsweise im Zusammenhang mit einem Besuch des persischen Fürsten Schah Abbas, den dieser der in der äußersten Ecke seines Reichs gelegenen Stadt am 27. September 1614 abstattete. In den folgenden Jahrhunderten wurde das Gebiet rund um Lenkoran zum Kampfschauplatz russischer und persischer Versuche, die Kontrolle über die Region notfalls auch mit Hilfe lokaler Stammesfürsten zu erlangen. Ob der Teppich wirklich aus Lenkoran stammt, wie van Aardenne annahm, darf bezweifelt werden. Charles Grant Ellis, zu jener Zeit die graue Eminenz unter den Teppichexperten, schrieb dieses Stück im Jahre 1975 mit guten Gründen der unweit von Lenkoran gelegenen Shirwan-Region zu. Das Muster des Teppichs wird üblicherweise mit Chaili assoziiert, einem nördlich von Lenkoran am Kaspischen Meer gelegenen Dorf.

Funktion, Form und Zeichen

Teppiche wurden nicht primär zu dekorativen Zwecken hergestellt. Die Bewohner des Kaukasus wollten sich damit vor allem gegen die Einflüsse der Natur schützen. Zelte aus Wolle, aber auch Stein- oder Holzhäuser boten ihnen einen ersten Schutz gegen Wind, Regen und die vor Ort herrschenden extremen Temperaturen. Als zweite Schutzschicht gegen die aufsteigende Kälte wurde der Boden von Zelten oder Häusern mit dicken Teppichen ausgelegt. Anders ausgedrückt: Die Bewohner schufen ein Medium, um zwischen Natur und Körper Harmonie entstehen zu lassen. In den Mikroräumen aus Stein und Holz milderten Wolle und Baumwolle die auf den Körper einwirkenden Einflüsse der Natur.

Die Form dieser textilen „Schutzhaut" war in erheblichem Maße durch den Stand der Technik bestimmt. Teppiche werden mit Hilfe eines Webstuhls gefertigt, auf dem Kettfäden aus Wolle oder Baumwolle gespannt sind. Indem durch diese Kettfäden ebenfalls aus Baumwolle oder Wolle bestehende Schussfäden eingeflochten werden, entsteht ein rechteckiger, dünner Teppich, der um den Körper geschlungen oder auf dem Boden ausgelegt werden kann. Für die spezifische Funktion der Isolation innerhalb des Zeltes oder des Hauses reicht ein solcher Teppich jedoch nicht aus. Um sich besser gegen die Kälte zu schützen, sind sowohl Hersteller als auch Nutzer irgendwann dazu übergegangen, an den Kettfäden Reihen kleiner Wollknoten zu befestigen. Nach jeder Doppelreihe oder nach mehreren Reihen Schussfäden wurden diese Knoten in Reihen angebracht, wobei die Fäden an der Oberseite in der jeweils gewünschten Länge abgeschnitten werden konnten. Dank des auf diese Weise entstandenen Flors und der darin gestauten Luft erhielt der Teppich eine zusätzliche isolierende Schicht.

Der physische Schutz gegen Natureinflüsse und die durch die Webtechnik bedingte rechteckige Form sind jedoch nicht die einzigen Determinanten von Teppichen. Im Allgemeinen suchen Menschen nach Akzenten und Zeichen, die sie dem hinzufügen, was primär funktional ist. Dabei orientieren sie sich in erster Linie an der Natur, die nicht nur den Werkstoff (bei einem Teppich ist dies Wolle und Baumwolle), sondern auch die (in Motive zu übersetzenden) Formen liefert. Letztlich lehrt die Praxis, welche Formen sich am besten für die Verwendung auf einem Medium eignen. So entsteht eine vielfach als dekorativ bezeichnete Formensprache, die vor allem auf der Erfahrung beruht (sowohl hinsichtlich der Möglichkeiten zur Herstellung eines Mediums selbst als auch hinsichtlich der Übersetzung externer, der Natur entlehnter Motive im Dekorationsschema des Mediums).

Zur Unterstreichung des funktionalen Zwecks des Mediums entscheidet man sich in der Regel für Formen und Motive, die extremer sind, als dies unter den Durchschnittsbedingungen minimal erforderlich wäre. Anschließend werden die Motive und Zeichen selbst Anlass für neue Zielsetzungen, wobei das Medium, abgesehen vom funktionalen Wert, eine zunehmend expressive Qualität erhält. Der Betrachter sieht in der Formensprache die bezweckte Funktion, erkennt den zur Herstellung des Mediums beschrittenen Weg oder welche durch die Natur angeregten Motive die Funktion des Mediums betonen. Das Medium – der Teppich – wird aufgrund der expressiven Zeichen mehr als ein reines Gebrauchsgut.

Bei Teppichen wird die Herstellungsweise in der Form dadurch nachdrücklich betont, dass die Kettfäden an der Ober- und Unterseite des Gewebes nicht abgeschnitten, sondern so vom Webstuhl abgetrennt werden, dass sie an beiden Seiten frei hängen und dadurch Fransen bilden. Die Seiten, auf denen die Schussfäden aus dem Teppich austreten und wieder darin verschwinden, werden häufig mit Bändern unterschiedlich gefärbter Wolle akzentuiert. Die Grenzen des Mittelfeldes werden somit durch ein breites Band markiert. Entlang beiden Seiten dieses Bandes verlaufen häufig schmalere Bänder. Abgesehen von diesen entlang den Rändern des Teppichs geschaffenen Akzenten kann auch das Mittelfeld mit Akzenten/Zeichen geschmückt werden. Da der Flor aus Knotenreihen besteht, wobei jeder Knoten an zwei Kettfäden befestigt ist, entsteht bei einer bestimmten Anzahl Kett- und Schussfäden die Möglichkeit – nach einem geometrischen Rastermuster –, Ornamente hinzufügen. Das Mittelfeld kann mit einem schier endlos wiederholten Muster gefüllt werden. Häufig wird das Zentrum des Feldes mit einem großen Medaillon markiert, das in den Ecken mit Viertelmedaillons aufgefüllt wird. Die Formensprache des Teppichs wird folglich zu einem großen Teil durch die technischen Möglichkeiten bestimmt, ist aber bis zu einem gewissen Grad auch Ausdrucksmittel. In dem Maß, in dem innerhalb des Teppichs die Formensprache stärker akzentuiert wird, nimmt der Zweckaspekt ab, so dass aus den ursprünglichen, natürlichen Formen entlehnten Motiven eine autonome Abstraktion entstehen kann. Diese Abstraktion kann so weit fortgeführt werden, dass die nachdrücklich auf den Zweckbindungsaspekt verweisende Formensprache sogar verloren geht. Das Produkt ist dann nicht so sehr ein Medium, sondern vielmehr Ausdrucksmittel des menschlichen Geistes. Es stellt sich die Frage, ob der Teppich im Rijksmuseum die Qualität aufweist, die einem derart individuellen Ausdruck eigen ist.

Der Teppich des Rijksmuseums ist schlicht gestaltet und genügt den primären Anforderungen, die die Funktion des Mediums an einen Teppich stellt. Der Wollflor bietet Schutz gegen die einwirkende Kälte. Durch Rückgriff auf verschiedenfarbige Wolle bei den geknüpften Knoten wird im Teppich ein Muster geschaffen. Der Rand des Teppichs wird durch eine Reihe schmaler Bänder und ein breites Band gebildet, wobei das letzte dieser Bänder mit einer Reihe kleiner achteckiger Rosetten gefüllt ist, die sich mit anderen geometrischen Formen abwechseln. Das für Chaili klassische Muster besteht aus einem achteckigen, das Zentrum markierenden Medaillon, während die verbleibenden freien Flächen in der Regel auf gleiche Weise mit achteckigen Medaillons gefüllt sind. Das mittlere Medaillon ist oftmals von heller Farbe, während die flankierenden Medaillons überwiegend eine dunklere Farbtönung aufweisen – ein Gestaltungsmuster, wie es sich auch auf dem Teppich des Rijksmuseums wieder findet. Die verbleibende Fläche wird bei Teppichen aus Chaili und Umgebung üblicherweise mit Rautenformen gefüllt, die mit Rechteckhaken und kleinen Rosetten voneinander abgesetzt sind. Auch auf dem hier besprochenen Teppich ist der verbleibende Hintergrund mit einfachen Motiven gefüllt, deren Gestaltform durch die dem Rastermuster eigenen Beschränkungen bestimmt wird: Der Weber hat die Wahl zwischen horizontalen, vertikalen und diagonalen Linien, andere Optionen stehen ihm nicht zur Verfügung. Die Zahl der Knoten ist zu gering, um das rigide, geometrisch determinierte Entwurfsraster mit kräftigen runden Formen zu durchbrechen, die, so die Technik deren Verwendung zuließe, der Struktur des Teppichs wesentlich entgegenwirken würden. Abnutzungsbedingt ist der seinerzeit üppige Flor weitgehend abgetreten. Im Neuzustand muss der Teppich jedoch eine glänzende Oberfläche aus weicher Wolle gehabt haben. Die seinerzeit an beiden Seiten durch die Kettfäden gebildeten kleinen Fransen sind heute verschwunden.

Technische Beschränkungen
Eine Übersicht der kaukasischen Teppiche lehrt, dass selbst bei einer relativ groben Struktur und beschränkten technischen Möglichkeiten eine praktisch unbegrenzte Bandbreite an Musteroptionen zur Verfügung steht. Zum richtigen Verständnis des Hintergrundes des aus der Gegend von Chaili stammenden Teppichs im 19. Jh. und der darin eingearbeiteten Muster ist ein Vergleich mit Teppichen aus früheren Zeiten und anderen Gebieten hilfreich.
Bei älteren aus dem Kaukasus stammenden Teppichen fällt auf, dass sie über erkennbare florale Muster verfügen. Dies gilt insbesondere für Exemplare aus dem 17. und 18. Jh. Sogar die eher abstrakten Dekorationen des Teppichs aus Chaili oder Umgebung lassen sich ganz eindeutig auf Blumenmotive sowie ausgedehnte und gezahnte Blattornamente zurückführen, die in hohem Maße abstrahiert sind – Folge der technischen Beschränkungen, die die Gestaltung geschwungener Formen kaum zuließen. Die aus dem 17. und 18 Jh. stammenden Gegenstücke aus Persien weisen durchweg eine wesentlich fließendere Linienführung auf. Diese letztgenannten Teppiche zeigen schön geformte Ranken, die sich über die Fläche schlingen und sorgfältig ausgestaltete Blumen und Blätter aufweisen. Hier zeigt sich eine enge Verbindung zur persischen Kunst der Miniaturmalerei, in der die Flächen von sich kräuselnden Ranken und zierlichen Blumen und Blättern gefüllt werden. Ganz offenbar bestand die Absicht, die Ornamente aus der einen Kunstform (Miniaturmalerei) in die andere Kunstform (Teppichkunst) zu übernehmen. Zahlreiche Beispiele sind erhalten, die belegen, dass dies den Webern der höfischen Manufakturen in Persien und Indien gut gelungen ist. Das Rijksmuseum besitzt einige schöne, aus den persischen Manufakturen dem 17. Jh. stammende Teppiche, die aus Seide gefertigt und mit Gold- und Silberfäden verziert sind, außerdem einen großen Teppich, dessen Ornamente mit denen der monumentalen Bauwerke der indischen Mogulherrscher praktisch identisch sind. Dieser letztgenannte Teppich gilt als eines der Prunkstücke der Sammlung.
Die aus den Hofmanufakturen in Isfahan und Kaschan stammenden persischen Teppiche müssen im weit abgelegenen Kaukasien bekannt gewesen sein und dort auch großen Eindruck gemacht haben. Die in der Provinz tätigen Weber, die die fürstlichen Teppiche imitierten, hatten ein großes Problem zu bewältigen. Die persischen Teppiche waren mit einer qualitativ hochwertigen Wolle gewebt, die im Kaukasus nicht ohne weiteres zur Verfügung stand. Außerdem waren diese Teppiche in einer Technik gefertigt worden, die die kaukasischen Weber nicht beherrschten. Eingangs wurde bereits darauf hingewiesen, dass es die einem jeden Teppich zugrunde liegende Webtechnik mit sich bringt, dass die Verzierung in ein Rastermuster gezwängt wird. Tatsächlich lassen sich Reihen neben- und untereinander angebrachter Knoten erkennen. Die Kunst bestand darin, dem zwingen-

den Charakter des Rastermusters zu entkommen, um runde Formen entstehen zu lassen. Für die persischen Weber gestaltete sich dies einfacher als für die lokalen Weber des Kaukasus, da die Perser den so genannten asymmetrischen Knoten benutzten, der es gestattete, die um die Kettfäden verlaufende Windung der Wolle größtenteils unter den gerade abstehenden Fäden zu kaschieren, die an der Oberfläche zu sehen sind. Dank dieser Technik lässt sich pro Quadratzentimeter eine relativ hohe Anzahl Knoten realisieren. Den geschicktesten Webern gelang es, die variantenreiche Formensprache der Miniaturen mit einer verblüffenden Detailtreue in den Teppichen zu reproduzieren. Bei dem von den kaukasischen Webern benutzten „symmetrischen Knoten" wird der durch den Flor gebildete Wollfaden gegenüber den gerade abstehenden Fäden sowohl links als auch rechts um den Kettfaden herumgewunden. Daher lässt sich das Rastermuster wesentlich schwieriger durchbrechen. Die kaukasischen Teppiche weisen somit – im Vergleich zu ihren persischen Vorbildern – eckige Formen und relativ grobe Ornamente auf. Man könnte auch sagen, dass die kaukasischen Teppiche in einem ausgewogeneren Verhältnis zur Technik stehen, die nun einmal kaum runde Formen zulässt.

Exportqualität
Kaukasische Teppiche wie das soeben erörterte Exemplar fanden bereits während des 19. Jh. in ungeahnten Mengen ihren Weg ins Abendland, wo sie in die seinerzeit häufig überladenen (Wohn-)Interieurs integriert wurden. Es waren aber nicht nur kaukasische Teppiche, die den Westen erreichten. Auch echte „Perser" aus dem heutigen Iran mit manchmal hoch komplizierten Mustern sowie mit einfacherem Dessin versehene Nomadenteppiche aus Afghanistan und noch weiter entlegenen Regionen wurden in großen Stückzahlen nach Europa exportiert. Dies galt in gleichem Maße auch für grobe türkische Teppiche, die vor allem aus der Zentral- und Osttürkei stammten. Es waren jedoch die kaukasischen Teppiche, die aufgrund ihrer geschmeidigen Struktur, der weichen Qualität der dicken Wollfäden und der kräftigen, in Mustern und Farbgebung zum Ausdruck gelangenden Formen eine besondere Anziehungskraft ausübten. Angesichts des sanften Glanzes der Wolle wird auch der seinerzeit reißende Absatz nachvollziehbar. Für den Erfolg dürfte außerdem auch der relativ niedrige Preis mit entscheidend gewesen sein. Seit den 70er Jahren des 19. Jh. durchkämmten Einkäufer die Region und kauften in großem Stil ein, während die örtliche Bevölkerung der gestiegenen Nachfrage rasch entsprechen konnte, da die relativ grobe Struktur der traditionellen Teppiche eine schnelle Produktion ermöglichte. Die in westlichen Interieurs bis auf den heutigen Tag auffindbaren großen Stückzahlen sind Beleg dieser umfangreichen Produktion, die in kleineren und größeren Manufakturen bewerkstelligt wurde. In solchen Manufakturen arbeiteten die Weber – vor Webstuhlreihen sitzend, wobei sie mit einer verblüffenden Schnelligkeit die Kettfäden auseinander zogen und einen farbigen Wollfaden darum wanden, den sie anschließend mit einem kleinen Messer abschnitten. Sobald im steten Wechsel mit Schussfäden einige Knotenreihen angebracht waren, wurden sie mit einer Schere auf die gewünschte Länge gebracht. Diese Arbeitsweise wird übrigens heute noch praktiziert.
Bestimmt man die Qualität nach der Zahl der Knoten pro Quadratzentimeter, schneiden die Produkte kaukasischer Webstühle überwiegend unterdurchschnittlich ab. Nimmt man dagegen die kräftigen Motive kaukasischer Teppiche sowie die schöne Wollqualität zur Norm, ist die Wertschätzung nachvollziehbar, die der westliche Verbraucher des 19. Jh. diesen Produkten häufig zollte.

Das Ende einer langen Tradition und der Auftakt zu einem neuen Kunstwerk
Die klassischen persischen Teppiche des 17. und 18. Jh., die ihren Weg entweder als Geschenke oder über den Handel in weit entlegene Gebiete wie den Kaukasus fanden, übten einen direkten Einfluss auf jene Teppiche aus, die dort in den größeren Manufakturen der wichtigsten Städte hergestellt wurden.

Indirekt wirkten sie sich auch auf die Produktion in kleineren Siedlungen und sogar auf die Produktion der nomadischen Weber aus. Die in den Dörfern tätigen Weber hatten keinerlei Zugang zu den Palästen der Regenten, doch müssen sie die Produkte der städtischen Manufakturen des Kaukasus in den wichtigsten Moscheen, auf dem Markt und in den Häusern der lokalen Regenten gesehen haben. Sie haben sie offensichtlich kopiert, und die Ergebnisse, soweit sie erhalten geblieben sind, weisen im Vergleich zu den Vorbildern einen weiter gehenden Abstraktionsgrad auf. Der weitaus größte Teil der erhaltenen, von Webern auf dem Lande gefertigten kaukasischen Teppiche stammt aus dem 19. Jh. Die auf diesen Teppichen gezeigten Motive sind Beleg dafür, wie sich die ursprünglichen Modelle im Gedächtnis nachfolgender Generationen einfacher Weber immer mehr verwischt haben.

Das gilt auch für den Teppich aus dem Rijksmuseum. Es handelt sich dabei um ein Produkt eines einfachen Webers oder einer einfachen Weberin, der/die mit Hilfe der verfügbaren Materialien eine Arbeit geschaffen hat, die sowohl den Geschmack der Zeitgenossen in jenem Gebiet traf, in der er/sie selbst lebte, als auch jenen des Westens, wo dieser Teppich schließlich dank der ihm fern der Heimat zugemessenen ästhetischen Qualität Eingang in die Sammlung von van Aardenne fand. Dieser hat ihn dann 1975 als Teil einer Kollektion dem Museum zum Geschenk gemacht, wobei diese Schenkung als Denkmal für van Aardenne selbst gedacht war und möglicherweise auch in einem Steuervorteil gründete. Das Rijksmuseum hat die Schenkung aufgrund der ästhetischen Qualitäten eines Teils der zugehörigen Teppiche angenommen.

Der ursprüngliche Zweck – der Teppich soll eine Harmonie zwischen Natur und dem menschlichen Körper herstellen – wird durch den Teppich aus der Umgebung von Chaili heute nicht mehr erfüllt. Die Funktion des Teppichs als Medium ist mit der Verfrachtung in den Westen gegenstandslos geworden. Kann der kaukasische Teppich für den Sammler innerhalb der Kollektion des Rijksmuseums seine Aufgabe als Kunstobjekt erfüllen? Erhebt er zu Recht Anspruch auf verfügbaren Depotraum im Rijksmuseum? Kann der Teppich mit seiner primitiven, etwas verflachten Formensprache noch an die ästhetischen Bedürfnisse des zeitgenössischen Museumsbesuchers appellieren? Wie immer man diese Fragen beantworten mag, der Teppich hat, nachdem er Gegenstand einer vollkommen neuen Ausdrucksform geworden ist, nämlich des Films, in dem er eine Hauptrolle spielt, einen neuen Bedeutungsgehalt erfahren und – als westliches Symbol des Orients – eine kolossal wichtige Funktion erhalten.

Ein Shirwan-Teppich aus der Kollektion des Rijksmuseums – Einige Anmerkungen zum vorhergehenden Text
von Ebeltje Hartkamp-Jonxis
In seinem Essay stützt sich Onno Ydema zur Bestimmung der Qualität eines Shirwan-Teppichs auf eine Zeitachse und einen künstlerischen Parameter. Der vor relativ kurzer Zeit hergestellte und in einer abgelegenen Gegend entstandene Teppich ist mit seinem auf ältere, qualitativ höherwertige und in indischen und persischen höfischen Zentren hergestellte Teppiche zurückgehenden Muster nach Auffassung von Ydema von minderer Qualität als seine fernab des Kaukasus hergestellten Vorbilder. Die rauere Wolle und die einfache Knüpftechnik des Kaukasus führen seiner Meinung nach im Ergebnis und im Vergleich zu den Vorbildern und Inspirationsquellen zu weniger raffinierten Produkten. Folglich wird sich implizit auf die alte Vorstellung vom „gesunkenen Kulturgut" berufen, die davon ausgeht, dass die in einer höheren Kultur formulierten Formen und Auffassungen langsam versiegen. Andere kunsthistorische Betrachtungsweisen wie die evolutionäre Deutung von Kunstausdrucksformen – durch Weiterentwicklung oder aber auch just durch Degeneration – oder die unter Rückgriff auf Perzeptionstheorien erfolgende Kunstauslegung, bei der von einer an einen bestimmten Zeitpunkt gebundenen Beobachtung ausgegangen wird, wird außer Acht gelassen.
Außer Betracht lässt Ydema auch eine andere Sichtweise, bei der darauf verwiesen wird, dass der Ausgangspunkt eines jeden islamitischen Kunstwerks eine religiös-symbolische Idee ist. Als Illustration eines solchen Ansatzes sei auf die Ausstellung *The World of Islam* verwiesen, die im Jahre 1976 in mehreren Institutionen in London gezeigt wurde – eine Sichtweise, die bis zum heutigen Tage Beifall findet. Die Besucher wurden auf eine Ahnung, eine Vorstellung vom Paradies im Islam hingewiesen, die sich in abstrahierter Weise unter anderem in den Mustern von Teppichen wieder findet. Die Organisatoren belegten damit ihre Weigerung, einen dekorativen Entwurf als strikt autonom anzusehen. So weit geht Ydema im obigen Artikel nicht, denn er führt die Rautenformen und Rosetten

des Shirwan-Teppichs auf der Natur entlehnte Ranken und Blüten der eigenen näheren Umgebung zurück. Dennoch könnte man geneigt sein festzustellen, dass auch für ihn Dekoration „im reinsten Sinne" nicht zur Debatte steht. Damit wird eine Erforschung des Rhythmus, eines der Merkmale eines geometrisch-abstrakt gestalteten Objektes, in gewisser Weise negiert.

Man kann sich die Frage stellen, ob die Prüfung der Legitimität der unterschiedlichen Theorien und Auffassungen, mit denen man sich einem Kunstwerk nähert, etwas zum objektbezogenen Wissen beizutragen vermag. Das Wissen um die unterschiedlichen Sichtweisen ist wichtig, um ein Objekt nicht seiner Identität zu berauben, auch dann, wenn der künstlerische Wert zur Diskussion steht. Au fond hat der anonyme Weber in Shirwan ein einzigartiges Produkt vorgelegt, auch wenn es sich dabei lediglich um eine späte Nachkommenschaft von etwas Größerem und Älterem handelt. Selbst dann, wenn der Weber ein Massenerzeugnis vom Webstuhl abgeschnitten hätte, bedürfen auch die neuen Kontextbezüge, innerhalb derer der Teppich im Westen funktionieren kann, ohne jeden Zweifel unserer aufmerksamen Betrachtung.

Onno I.M. Ydema ist Kunsthistoriker und Jurist. Nach einer Forschungsphase am Rijksmuseum Amsterdam, in deren Verlauf er die Sammlung der Orientteppiche sehr intensiv kennen lernte, promovierte er mit dem Standardwerk *Carpets and their Datings in Netherlandish Paintings, 1540-1700*, Zutphen 1991. Seitdem arbeitet er als Rechtsanwalt in Den Haag sowie als Hochschuldozent für Steuerrecht an der juristischen Fakultät der Universität zu Leiden.

Ebeltje Hartkamp-Jonxis ist Textilkonservatorin am Rijksmuseum Amsterdam. Sie publizierte unter anderem über indische Exporttextilien. Ende 2003 erscheint der Bestandskatalog von Wandteppichen des Rijksmuseums, dessen Mitverfasserin sie ist.

Onno I.M. Ydema

Abstraction and Symbolic Value in a Caucasian Carpet

Provenance

In the collection of oriental rugs at the Rijksmuseum in Amsterdam is a 19th-century carpet produced on a primitive handloom in the Caucasus. The carpet was donated to the museum in 1975 by G.W. van Aardenne, a successful industrialist and enthusiastic art collector. His house in Dordrecht was filled to overflowing with antique objects of varying quality. For example, while the collection included a fine landscape by the 17th-century painter Jan van Goyen, other paintings were not for nothing stacked in rows against the walls. The 175 carpets van Ardenne gifted to the Rijksmuseum are likewise of variable quality. They include some exceptionally fine specimens but also pieces that no longer pass critical muster. One of the carpets donated to the Rijksmuseum had been attributed by van Ardenne to a workshop in Lenkoran.

Lenkoran (now Lankaran) is a Caucasian town on the southwest coast of the Caspian Sea in present-day Azerbaijan. The history of this place goes back a long way, witness a nearby burial ground dating from several centuries before the Christian era. Lenkoran turns up now and then in later historical sources, as for example on the occasion of a visit by the Persian ruler Shah Abbas to this remote corner of his kingdom on 27 September 1614. In subsequent centuries the area around Lenkoran became the scene of Russian and Persian struggles to gain control of the region, with or without the help of local tribal chiefs. Whether the rug really does hail from Lenkoran, as van Ardenne supposed, is open to question. In 1975, the late Charles Grant Ellis, the doyen of Oriental rug experts at that time, had good reasons for attributing it to the nearby Shirvan region. The carpet's pattern is one usually associated with Chaily, a village to the north of Lenkoran on the Caspian Sea.

Function, form and symbol

Carpets such as this were not in the first instance made for the sake of their decorative function; the inhabitants of the Caucasus were primarily interested in protecting themselves against the elements. Woollen tents, but also stone or wooden houses, provided them with a first line of defence against wind, rain, and the extremes of temperature typical of the region. As a second protective layer against the rising cold, the floors of their tents or houses were covered with thick rugs. In other words, the inhabitants fashioned intermediaries whose job was to establish harmony between nature and human body. In the micro-spaces of stone and wood, wool and cotton moderated nature's impact on the body.

The form of this textile 'shell' is to a large degree dictated by technique. Rugs are woven on a loom over which cotton or woollen warp threads are tautly stretched. When cotton or woollen weft threads are woven through these warp threads, the result is a flat, rectangular cloth that can be wrapped around the body or laid on the ground. For the specific moderating function of the intermediary, however, such flat rugs are not really adequate. In order to protect themselves better against the cold, the makers and users hit upon the idea of attaching woollen knots to the warp threads. After every two, three or even four rows of weft threads, rows of these knots were tied in such a way that the threads could be clipped to the desired length on the upper side of the rug. The soft pile so produced, and the air trapped inside it, gave the rug an extra insulating layer.

Physical protection against the elements and the rectangular form dictated by the weaving technique, are not the only determinants of the rugs' appearance. Human beings have a tendency to try to find accents and symbols with which to enhance objects that are primarily functional. They look first to nature, which supplies not only materials (wool and cotton in the case of rugs) but also forms (which can be translated into motifs). Experience eventually reveals which forms are most suitable for application on an intermediary. Over time a vocabulary of forms evolves which is usually described as decorative and whose main purpose is to fuel experience (with respect both to the making of the intermediary itself and to the rendering of external motifs derived from nature in the decorative pattern of the intermediary).

Initially, there will be a tendency to choose rather pronounced forms and motifs in order to underscore the functional purpose of the intermediary, but over time the motifs and symbols themselves give rise to new ambitions whereby the intermediary, in addition to its functional value, gradually acquires a more expressive quality. By studying the vocabulary of forms, an observer can tell which function the maker had in mind, how they went about achieving this, and which motifs from nature accentuate the function of the intermediary. Because of the expressive symbols, the intermediary—the rug—becomes more than a utilitarian product.

In rugs, the construction method is further manifested in the form because of the way the rug is cut away from the loom: the warp threads, rather than being clipped level with upper and lower edges of the piece of fabric, are cut so as to leave several centimetres hanging at either end where they form fringes. The sides, where the weft threads emerge from the fabric and turn back in again, are often accentuated with borders in different coloured wools. In this way the edges of the field are defined by a wide band which itself is often flanked by narrower bands. Apart from these accents along the edges of the rug, the field itself may be provided with accents or symbols: because of the grid-like way the pile is formed—by rows of knots in which each knot is looped around two warp threads—the possibility arises of adding ornaments that are worked over a certain number of warp and weft threads. The field can in this way be filled up with an almost endlessly repeated pattern. The centre of the field is often marked by a large medallion that is complemented by quarter medallions in each of the four corners of the rug. The rug's vocabulary of forms is thus largely determined by the possibilities imposed by technique, but it is also to a certain extent a means of expression. When the vocabulary of forms as means of expression is given greater emphasis in a rug, there is a corresponding decline in the utilitarian aspect and the original, nature-derived motifs give rise to an autonomous abstraction. That abstraction can be taken to such lengths that the vocabulary of forms emphasizing the utilitarian aspect is lost altogether. The product is then not so much an intermediary as a means of expression of the human mind. The question is whether the rug in the Rijksmuseum possesses the quality that characterizes such individual expression.

The rug in the Rijksmuseum has a simple scheme and fulfils the chief requirements that the function of intermediary places on a carpet. The woollen pile provides protection against rising cold. The different coloured wools used for the knots create a pattern in the rug. The edge of the carpet is marked by a number of narrow borders and one wide border, the latter being filled with a row of small, octagonal rosettes interspersed with other geometrical forms.

The classic Chaily pattern consists of an octagonal medallion in the centre of the field while the remaining open spaces tend to be similarly filled with octagonal medallions. The central medallion is frequently light-coloured whereas the flanking medallions are for the most part dark—a scheme that can also be found in the Rijksmuseum carpet. In Chaily rugs, the remaining space is normally filled with lozenge shapes, set off with hooked shapes or small rosettes. In the carpet under discussion, the remaining background is fairly straightforwardly filled in with simple motifs whose design is dictated by the limitations peculiar to a grid pattern: the weaver has a choice between horizontal, vertical and diagonal lines and must make do with that. The number of knots is too few to override that rigid, geometrically determined pattern with artificial, curvilinear forms, which, even if the technique permitted their use, would be fundamentally at odds with the structure of the rug. Wear and tear has substantially reduced the once thick pile, but when new it must have exhibited a lustrous surface of soft wool. The original fringes formed by the warp threads on the two short sides of the carpet have been worn away.

Limitations of technique

A survey of Caucasian carpets shows that, even with a relatively coarse structure and limited technical means, there is still an almost inexhaustible range of patterns possible. In order to understand the background to 19th-century carpets from the Chaily area and the patterns used in them, it is useful to compare them with carpets from other periods and other areas.

When one looks at early carpets from the Caucasus, especially those from the 17th and 18th centuries, one is struck by the recognizable floral patterns. Even the more abstract decorations of the carpets from Chaily or the surrounding area can easily be traced back to floral motifs and to elongated and serrated leaf ornaments. These ornaments are highly abstract—the result of the technical limitations, which were not conducive to curved forms. The 17th- and 18th-century equivalents from Persia generally have a more flowing line. They display beautifully formed vines that wind their way over the field and support meticulously fashioned flowers and leaves. In this they are closely linked to Persian miniature painting in which the surface is filled with sinuous vines and graceful flowers and leaves. There was obviously a conscious attempt to transfer the ornaments of one art form (miniatures) to another (carpets). That the weavers in the Persian and Indian court workshops succeeded in this aim is shown in countless surviving examples of their work. The Rijksmuseum has a pair of fine 17th-century carpets from Persian workshops, executed in silk and decorated with gold and silver threads, and one large carpet whose ornaments are almost identical to those of the monumental buildings of the Mogul rulers of India. This last carpet is one of the showpieces of the collection.

Persian rugs from the court workshops of Isfahan and Kashan must have been known in the far-off Caucasus where they would have made a big impression. The provincial weavers who imitated those princely carpets had a major problem to overcome, however. The Persian rugs are woven from a relatively fine quality wool that was very rare in the Caucasus, and on top of that they were executed using a technique unknown to Caucasian weavers. As already indicated, the technique employed in weaving carpets necessarily means that the decoration is imprisoned in a grid pattern. What we in fact see are rows of knots alongside and below one another. The art was to escape the coercive nature of that grid pattern so that curvilinear forms became possible. This was easier for the Persian weavers than their Caucasian counterparts because they used the 'asymmetrical' knot in which the looping of the wool around the warp threads is largely concealed below the upright threads visible on the surface. This makes it possible to achieve a relatively high number of knots per square decimetre (and thus greater flexibility in design). The most skilful weavers succeeded in reproducing the varied vocabulary of forms of the miniatures in staggering detail in the carpets. In the 'symmetrical' knot used by the Caucasian weavers, the woollen yarn that forms the pile is looped around the warp threads both left and right of the upright threads. This makes it much more difficult to break away from the grid pattern. Accordingly, the Caucasian rugs—by comparison with their Persian models—are characterized by angular forms and relatively coarse ornaments. One could also say that the Caucasian rugs are more in harmony with the technique, which is basically incompatible with curvilinear forms.

Export quality

In the 19th century, vast numbers of Caucasian carpets like the one described above found their way to the West where they were incorporated into the often overcrowded interiors of those days. But Caucasian rugs were not the only ones that reached the West; genuine 'Persians' from what is now known as Iran, some with intricate patterns, as well as more simply designed nomadic rugs from Afghanistan and more remote regions, were exported in large numbers to Europe, as were the coarse Turkish rugs from central and eastern Turkey.

But it was the Caucasian carpets that exerted a particular fascination owing to their supple structure, the softness of the thick woollen yarns and the bold forms expressed in the patterns and colour schemes. Another reason for their popularity was the soft lustre of the wool, while the relatively low price no doubt also played a role in their success. From the 1870s onwards, traders scoured the region, buying up rugs on a large scale. For its part, the local population had little difficulty satisfying the growing demand since the relatively coarse structure of the traditional rugs made for rapid production. The large numbers still to be found in Western interiors bear witness to the huge production that took place in big and small workshops alike. There the weavers worked, as they still do today, seated in front of rows of looms: separating the warp threads with astonishing rapidity, winding a coloured woollen thread around them and then cutting it off with a knife. When one or two rows of knots, alternated with weft threads have been made, they are clipped to the desired length with shears. If a rug's quality is determined by the number of knots per square decimetre, the products of the Caucasian looms generally score fairly poorly. However, if we take the vigorous motifs and the fine quality of the wool of Caucasian rugs as our criterion, it is easy to understand why these rugs were often highly prized by 19th-century Western consumers.

The end of a long tradition and the beginning of a new art form
The classic Persian rugs of the 17th and 18th centuries, which found their way as gifts or via trade to remote areas like the Caucasus, exercised a direct influence on the rugs being made in the workshops of the larger Caucasian towns. They also had an indirect influence on the production in smaller settlements and even on the products of nomadic weavers. Although village weavers had no access to the palaces of the highest officials of the land, they must have seen the products of urban Caucasian workshops in the principal mosques, in the markets and in the houses of local officials. They obviously copied them and the results, to the extent that they have survived, exhibit a much greater degree of abstraction than their models. The great majority of surviving Caucasian carpets by village weavers date from the 19th century. The motifs in these carpets show how the original models faded in the memories of successive generations of simple weavers.
This is also true of the carpet in the Rijksmuseum. It is the product of just such an unsophisticated weaver who used the materials at hand to produce a work that would have appealed to contemporary tastes, both in the area where the weaver lived and in the West. Here, the aesthetic qualities attributed to it far from home, eventually led to its being bought by a Dutch collector, G.W. van Aardenne. He donated it to the museum in 1975 as part of a collection that was intended to serve as a monument to van Ardenne himself, and perhaps also with an eye to a tax advantage. The Rijksmuseum accepted the gift on account of the aesthetic qualities of some of the carpets in the donation.
The original purpose of oriental carpets—to effect harmony between nature and the human body—is no longer fulfilled by the carpet from the Chaily area: indeed, the carpet's intermediary function ceased the moment it was exported to the West. Is the Caucasian rug capable of fulfilling its other, later task of artistic monument to the collector within the Rijksmuseum's collection? Is its claim on the Rijksmuseum's scarce storage space justified? Is the rug, with its primitive, somewhat diminished vocabulary of forms, still capable of satisfying the aesthetic demands of today's critical museum visitors? Whatever the answers to these questions, now that the carpet has become the subject of a completely new (different?) form of expression, the film in which it plays the leading role, it has acquired yet another meaning and—as a Western symbol of the East—a monumental function.

A Shirvan Carpet from the Rijksmuseum Collection—Some Notes on the Preceding Article
by Ebeltje Hartkamp-Jonxis

In his essay, Onno Ydema uses a time line and an artistic parameter in determining the quality of a Shirvan carpet. This relatively recent product of a remote region, with a pattern that can be traced back to those of older, qualitatively superior carpets made in the court workshops of India and Persia, is according to Ydema of a lesser quality than its distant models. In his view, the coarser wool and simple knotting technique of the Caucasus result in less sophisticated products than their precursors and sources of inspiration. Thus, he implicitly invokes the old idea of 'gesunkenes Kulturgut,' or debased cultural values, a theory predicated on the notion that forms and ideas formulated in 'high' culture gradually filter down (in diminished form) to the level of the common folk.

Other art-historical views, such as the evolutionary interpretation of artistic expression (which looks at the development or degeneration of art forms over time), or the interpretation of art in terms of theories of perception (which proceed from observation of an artwork at a particular moment in time), are omitted from consideration.

He also disregards another point of view—one that is still very much in vogue today—which argues that the starting point for any Islamic artwork is a religious-symbolic idea. A good example of this approach was *The World of Islam* festival held at several venues across London in 1976. Visitors' attention was drawn to the concept of paradise in Islam, an abstracted form of which finds expression in Islamic art, including in the patterns of carpets. The organizers were thereby signalling their refusal to see decorative design as strictly autonomous. Ydema does not go quite as far as this in his essay in that he does trace the lozenge shapes and rosettes on the Shirvan carpet back to tendrils and flowers derived—somewhat closer to home—from nature. Yet even in his case one could say that decoration 'pure and simple' was not on the agenda. Which means that an investigation of rhythm, one of the qualities of geometric-abstract designs, has likewise been disregarded.

One might question whether testing the legitimacy of the various theories and opinions that are applied to an artwork can add anything to our knowledge of that object. But an awareness of the different ways of looking at an art object is important if we are not to deprive it of its identity, even when the artistic value is a point of discussion. Ultimately, the anonymous weaver in Shirvan turned out a unique product, even if it is merely a late descendant of something greater and older. And even if the rug the weaver cut from his or her loom had been a mass-produced product, the new contexts in which the rug is able to function in the West are still eminently worthy of our attention.

Onno I.M. Ydema is an art historian and lawyer. After a period of research at the Rijksmuseum Amsterdam, during which he got to know the collection of oriental carpets very well, he graduated with the standard work *Carpets and their Datings in Netherlandish Paintings, 1540-1700*, Zutphen 1991. Since then he has been active as a lawyer in The Hague and as professor of fiscal law at Leiden University.

Ebeltje Hartkamp-Jonxis is curator of textiles at the Rijksmuseum Amsterdam. She has written on Indian export textiles among other things and is co-author of the *Rijksmuseum Catalogue of Tapestries*, due to be published at the end of 2003.

David Bussel

Anmerkungen zu *The Point of Departure* mit Drehbuch

Szene I: Im Teppich
Dunkelheit. Die Kamera fährt schnell, entschieden und zugleich tastend nach links und rechts, oben und unten, innen und außen. Sie sondiert das Terrain, erforscht es wie bei einer Biopsie, stößt zuweilen an und zieht sich dann wieder ein Stück zurück. Beim Filmton handelt es sich um „Stille" – vorfabrizierte Raum-Geräusche –, die die Kamerabewegungen begleitet, so dass sie im Spiel von Hell und Dunkel eigene Akzente setzt. Die Bilder auf der Leinwand changieren übergangslos zwischen Klarheit und Verwirrung: ein Universum aus Faser-Knäueln und langsamen Explosionen von Farbe und Materie, gerade so als schaute man in ein Mikroskop. Diese seltsamen Formen sehen aus wie vertrocknete Muskeln, sind aber tatsächlich ineinander verknäuelte Büschel aus orange-braunen Fäden und Fasern. Wir sehen Bilder an der Grenze unseres Wahrnehmungsvermögens, am Rand des optisch Fassbaren. Wir befinden uns im Teppich, loten seine inneren Tiefen aus und werden zugleich bestürmt von einer unbekannten Dimension, als wären wir in einem Gothic-Horrorfilm. Und plötzlich taucht – scheinbar von hinten – eine Kugel aus Licht auf und erhellt die Szene wie der leuchtende Mond eine Nebelnacht. Die Kamera rückt immer näher heran, bis das Licht das ganze Bild ausfüllt; dabei verwandelt es sich in konzentrischen Bewegungen von einem schmutzigen Glühbirnengelb in fahles Blau. Der pulsierende Rhythmus steigert sich zum weißen Rauschen. Weißblende.

Szene II: Der Teppich als Rätsel
Makro-Aufnahme von der Oberfläche des Teppichs, dabei gleitet die Kamera langsam nach rechts. Ton und Farbe sind klar, wenngleich die Kamera nicht allzu viele Informationen preisgibt. Wir sehen üppige Muster aus fragmentierten Gewebestrukturen und verworrenen Faserknäueln in Rotgelb, Flachsfarbe und Meergrün. Diese abstrakten Bilder sind klar und doch amorph, fühlbar und doch nicht fassbar, sie lassen kein klares Muster oder irgendeine Regel erkennen und verwirren auf diese Weise die Wahrnehmung, als wären wir einerseits zu nah am Objekt und andererseits zu weit davon entfernt, um es zu erfassen.

Szene III: Entzifferung des Teppichs
Die Kamera schwenkt nach links und macht be-

Ein Teppich liegt auf dem Boden. Ebenso gut kann er an der Wand hängen oder sogar auf einem Tisch liegen. Ein Teppich hat also zwei verschiedene Funktionen, die normalerweise miteinander kombiniert sind: einerseits als Schutz vor der Berührung mit der Erde oder einer anderen Oberfläche und andererseits als Dekoration – also als Gegenstand, den man zur Schau stellt oder als optisches Stimulans verwendet. Vor allem asiatische Teppiche haben einen „Mehrwert", der in ihrer Funktion als kulturelles Kapital im gesellschaftlichen Zusammenhang liegt. Das Wechselspiel dieser Zusammenhänge variiert von der Produktionsstätte über den internationalen Vertrieb bis hin zur Verwendung speziell in der westlichen Welt.

Jeroen de Rijke und Willem de Rooijs *The Point of Departure* zeigt einen kaukasischen Teppich aus Shirwan im Iran. Jener gewöhnliche, handgewebte Teppich aus dem 19. Jahrhundert stammt aus der Sammlung des Amsterdamer Rijksmuseums. Der Film führt eine Reihe von Verschiebungen in Größe und Wahrnehmung vor: In dem Maß, in dem die Kamera sich zurückzieht, wird bruchstückhaft das Puzzle des Teppichs lesbar. Der Teppich funktioniert wie ein Schaltplan oder Computer-Chip, der einen Dialog zwischen der Produktion eines Teppichs auf dem Webstuhl und einer Filmproduktion herstellt. Eine Produktionsverknüpfung sozusagen. Der Film ist rund um eine Zeitkurve herum strukturiert (Ort und Zeit von Anfang und Ende), die die Mikro/Makro-Kamerafahrt halbiert. Der Punkt, in dem sie zusammenfallen, ist die Schwelle zur Gegenwart, Ausgangspunkt bzw. -moment(e).

Der Film besteht zudem aus einer Reihe von Rahmen. Normalerweise denken wir bei einem Teppich an etwas, das man betreten kann, über das man geht oder worauf man sitzt, jedenfalls etwas, auf das man hinunterschaut oder zu dem man hinübersieht, wenn es an einer Wand hängt. *The Point of Departure* versucht diese Konsum-Beziehung zu durchbrechen. Der Film setzt den Rahmen des Webstuhls – die Produktionsstätte des Teppichs – als Ausgangspunkt. Dieser Rahmen wird korrespondierend eingefasst vom Rahmen der Kamera, einem parallelen Sichtfeld. Aus diesem doppelten Rahmen ergeben sich weitere: die Kanten und Grenzen des Teppichs. Eine Grenze teilt und öffnet Räume, verleiht einem

stimmte Muster sichtbar, während unsere Distanz zum Teppich sich selbst erklärt: In Rot-, Orange-, Grün- und Blautönen erschließen sich seine Ornamente wie Zeichen oder Gartenlandschaften aus der Vogelperspektive. Die Kamera hebt ab, wandert nach rechts, hält einen Augenblick inne und schwenkt dann wieder nach unten, nach links an der Kante entlang, wieder hoch und schließlich nach rechts. Dort bleibt sie stehen und verweilt mit dem Blick auf eine achteckige Form im Teppich. Überblendung.

Szene IV: Der Punkt
Das Achteck verschmilzt mit einer anderen achteckigen Form, die grün-gelbe Figur wird ersetzt durch eine orange-grüne, fast identische Form mit einem gelben Kreuz in der Mitte. In gemächlichem Rhythmus rotiert das Zentrum gegen den Uhrzeigersinn immer weiter um die eigene Achse und wandert dabei nach außen, bis der Teppich aus schräger und verkürzter Perspektive sichtbar wird, eingelagert in ein Nichts aus purem schwarzem Raum. In diesem kurzen Augenblick tauchen zum ersten Mal drei Achtecke auf, die Hauptfiguren oder -ornamente des Teppichs. Dann erstreckt sich der Teppich in die Horizontale, wird zum Strich, der sich schließlich im Uhrzeigersinn aufrollt. Die Kamera weicht zurück, und der Teppich wird wieder zu einer horizontalen Fläche mit dem Achteck in der Mitte, so dass die gesamte Leinwand ausgefüllt ist, und mittendrin wieder das kleine gelbe Kreuz.

Szene V: Enthüllung – Verschwinden
Langsam zieht sich die Kamera zurück und gibt den Blick auf den ganzen Teppich frei, statisch, als hinge er an einer Wand. Oben und unten und teilweise an den gefransten Seiten ist er von schwarzem Nichts gesäumt. Das Design ist in allen Einzelheiten zu erkennen – Farben, Achtecke, Formen, Begrenzungen – das Muster also, nicht jedoch die Details des Gewebes. Plötzlich rollt sich der Teppich um die Senkrechte und wird kleiner, als rückte er weiter weg. Er schlägt um, wird wieder zum Strich und ist dann von der Rückseite zu sehen, bis er sich wieder wendet und schließlich ins Nichts verflüchtigt. Dabei weicht er zurück, bis nur noch ein kleiner weißer Punkt von ihm übrig ist, und verschwindet dann ganz. Schwarz.

Topos seine Vielfalt. In dem Film von de Rijke und de Rooij erscheinen die Grenzen durch den geringen Abstand der Kamera doppeldeutig: Wie Staatsgrenzen sind sie „aufoktruiert", sie ergeben sich aus der „inneren" Logik des Teppichmusters. Erst in Szene V sehen wir zum ersten Mal den Rand des Teppichs, seine handgefertigte Ungleichmäßigkeit, seine fransigen Kanten. In dieser Szene rotiert der Teppich, bis er ein weißer Strich am schwarzen Horizont ist, nur noch eine Kante.

Obwohl der Teppich während des Films zumeist nur partiell zu sehen ist, bleibt er komplett in seiner „Ganzheit" erhalten. Er ist je schon vollständig, geprägt durch seine ideologische Ökonomie, eigenständig, ganzheitlich. Auf der Ebene der Darstellung ist in ihn eine „Weltsicht" eingeschrieben oder, wie William Burroughs sagen würde, ein „vorab aufgezeichnetes Universum", unzugänglich für die Interpretation als solche, doch als Ware dem gesellschaftlichen Austausch nicht verschlossen. Wie ein Text oder eine Landkarte lässt sich der Teppich lesen, produziert von Unbekannten, vermutlich von Frauen. Die Kamera gleitet langsam über ihn und ertastet seine Symbole, die jedoch immer stumm bleiben, verschlüsselt und nicht entschlüsselbar. Dies schlägt sich auch in der narrativen Form des Films nieder. Wie ein großer Roman entfaltet sich die Bewegung vom Inneren des Teppichs nach außen in atemloser Spannung. Sobald der Teppich als Ganzes zu sehen ist, entwindet er sich in ein sternenloses All, geradeso wie der Monolith in Kubricks *2001 – Odyssee im Weltraum* oder wie ein Fliegender Teppich.

David Bussel

Notes on *The Point of Departure* with Film Scenario

Scene I: Inside the Carpet

Blackness. The camera moves quickly, steadfast yet tentative, left and right, up and down, in and out. It probes inwards, forwards, surveys the terrain, as if performing a biopsy, intermittently jostling, retracing its advances. The soundtrack of canned 'silence'—pre-packaged room noise—addresses the camera's movements adding its own punctuation to the play of light and darkness on the screen. On the screen appear images that register on a continuum between clarity and opacity: a universe of hairy tangles of fibre, unwieldy explosions of matter and colour akin to looking under a microscope. These strange forms resemble desiccated muscle but are in fact woven clusters of orangey auburn threads and filaments. We are now looking at images on the edge of our visual capture, of our perceptual limits. We are inside the carpet, plumbing its inner depths, whilst being assailed by an unknowable dimension like a scene from a gothic horror film. Then, suddenly, a ball of light appears as if from behind—behind the scene—illuminating it like a glaring moon on a foggy night. The camera moves closer and closer until the light occupies the entire screen, its colour transposed from dirty tungsten yellow to pale blue in bursts of concentric circles of light; pulsating rhythm intensifies the scene with a crescendo of white noise. Whiteout.

Scene II: The Carpet Undisclosed

Macro focus on the carpet's surface as the camera glides slowly to the right. Sound and colour are vivid though the camera doesn't disclose too much information. We see broken bands of texture, woven uneven clusters of fibre in rich patches of russet, flax and sea green. Distinct yet amorphous, tactile yet out of reach, these are abstract images with no sense of pattern or rule, confounding perception as if we were physically too close or too far from the object to apprehend it.

Scene III: Reading the Carpet

The camera pans left while distinct patterns are disclosed as our distance from the carpet makes visible its own definition: Reds, oranges, yellows, greens and blues appear as we read its ornamentation like signs or like a landscaped garden from above, from a birds-eye view. The camera moves upwards, then

A carpet lies on the floor. It can also be hung on a wall or even rest on a table. A carpet therefore has two primary uses that are usually combined: a functional use as protection against the ground or another surface and a decorative use—an object for display, a visual stimulus. Asian carpets in particular also have a 'surplus-value,' that is, the way in which they are used, how they operate as cultural capital in social networks; the vicissitudes of these networks varying locally at the site of their production, through their distribution internationally, to their consumption specifically in the West.

Jeroen de Rijke and Willem de Rooij's *The Point of Departure* features a Caucasian carpet from Shirwan, Iran, an ordinary 19th century handmade rug from the collection of the Rijksmuseum, Amsterdam. The film stages a series of displacements in relation to scale and perception: As the camera's focus decreases the fragmented puzzle of the carpet becomes more legible. The carpet functions as a kind of circuit board or computer chip that occasions a dialogue between the making of the carpet on the loom and the making of the film: a relation of production. The film is structured around a temporal trajectory (where and how it begins and ends) that bisects the micro/macro trajectory of the camera. The point at which they converge becomes the threshold of the present, the point or moment(s) of departure.

The film is also a series of frames. We commonly think of a carpet as something we step on, walk across or sit on, always looking down upon it, or across at it hanging a wall. *The Point of Departure* seeks to disturb this customary relationship. The film posits the frame of the loom—the site of the carpet's production—as given, one of the points of its departure. This frame is then occluded in juxta-linear fashion by the frame of the camera as another, parallel aperture. This double frame engenders still more frames: the carpet's borders and edges. A border divides and creates spaces, inscribes difference into a topos. In de Rijke / de Rooij's film, borders are rendered equivocal through the camera's close focal depth: unlike national borders, they are 'misenforced,' only subjected by the 'internal' logic of the carpet's design. Not until Scene V do we see the carpet's edge, its handmade unevenness, its frayed manufacture. Here, the carpet rotates until it

to the right, stops for a few moments, then continues downward, to the left along the border, up and then to the right. There it stops, lingers, focusing on an octagonal figure or motif in the carpet. Dissolve.

Scene IV: The Point
The octagon merges with another octagonal figure as the green and yellow figure is replaced by a green and orange, almost identical figure with a yellow cross at its centre. The centre slowly, rhythmically rotates anti-clockwise, zooming outwards, yet remaining on its axial point, until the carpet is partially revealed to us at a foreshortened, oblique perspective lodged in a void of pure black space. It is at this brief moment that we first witness three octagons—the central figures or ornaments—of the carpet. Then, on a horizontal plane, the carpet flattens out, becomes a line and spins round again, clockwise. The camera zooms out, as the carpet becomes a horizontal plane, on the horizontal, its centre octagon facing us, occupying the entire screen, with the tiny yellow cross once more at its centre.

Scene V: Disclosure-Departure
Slowly, the camera pulls out to reveal the entire carpet, displayed as if hung on a wall, static. The carpet is framed top and bottom, and partially on its fringed sides, by bands of the black void. We see all the details of its design—the colours, octagons, figures, borders—its patterns, but not the detail, not the web and weft or pile. Suddenly, the carpet spins round onto a vertical plane, getting smaller as if moving farther away. It flips over, becomes a line again, and then reveals its underside, only to turn over once again fading into the void. The carpet recedes into the distance until it becomes a single white point, then utterly disappears. Blackness.

becomes a white line on the black horizon; just an edge.

Although the carpet is viewed sequentially for most of the film, it paradoxically remains 'whole' throughout. The carpet is always already complete, claimed by its ideological economy, self-contained, holistic. On the level of representation, it is inscribed with a 'worldview' or what William Burroughs would call a 'pre-recorded universe,' foreclosed to interpretation as such yet accommodating in its social trafficking as a commodity. The carpet, whose producers are anonymous, but most likely female, is read like a text or map. The camera glides slowly over it taking in its symbols that remain mute throughout, codified and undecipherable; this is echoed by the narrative form of the film. The movement from inside to outside the carpet unfolds breathlessly like a grand epic. Once the carpet is seen in its entirety it spins further and further into a starless space like the 'monolith' from Kubrick's *2001: A Space Odyssey*, or like magic carpet.

The Point of Departure,
2002, 26 min., 35mm-Film, Farbe, Ton · 26 min, 35mm colour film with optical sound

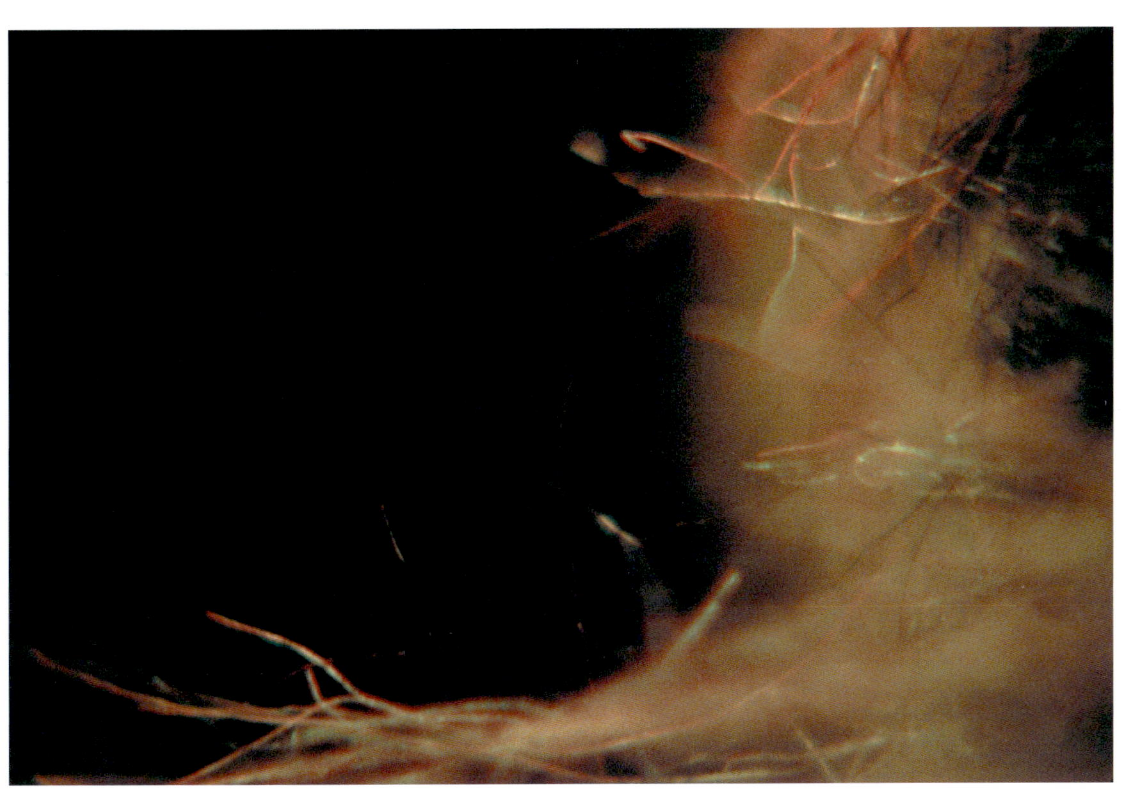

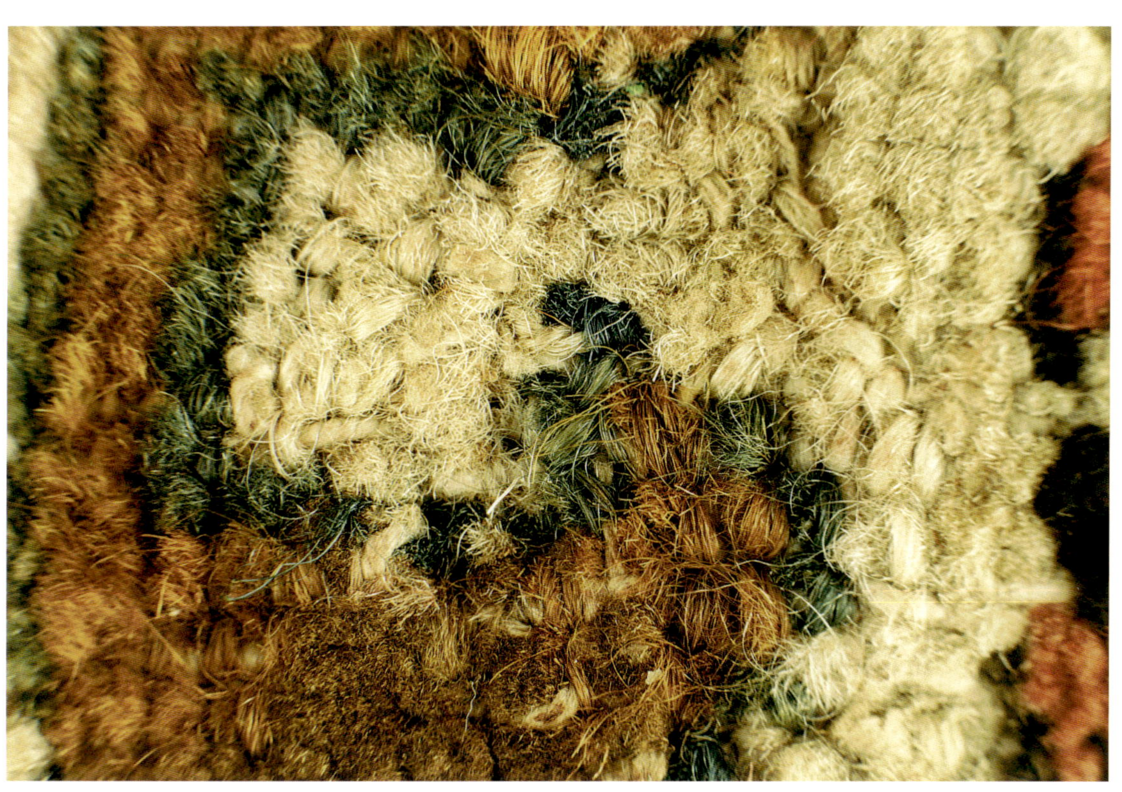

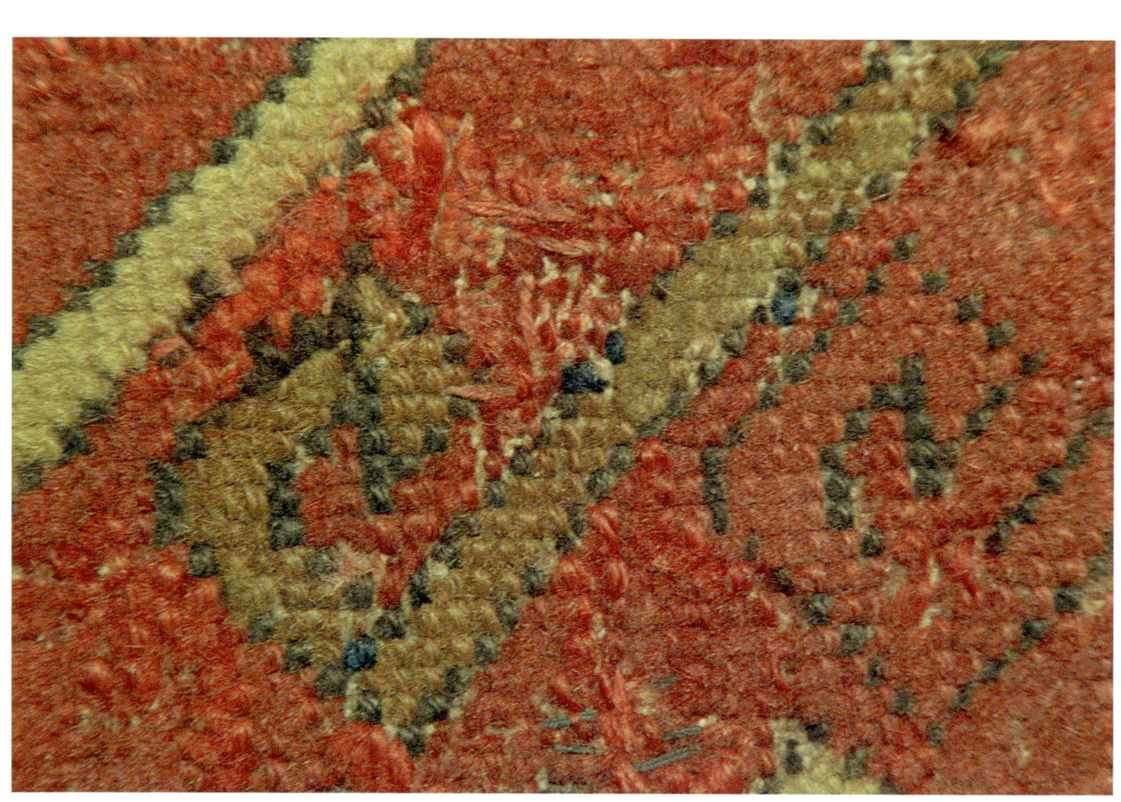

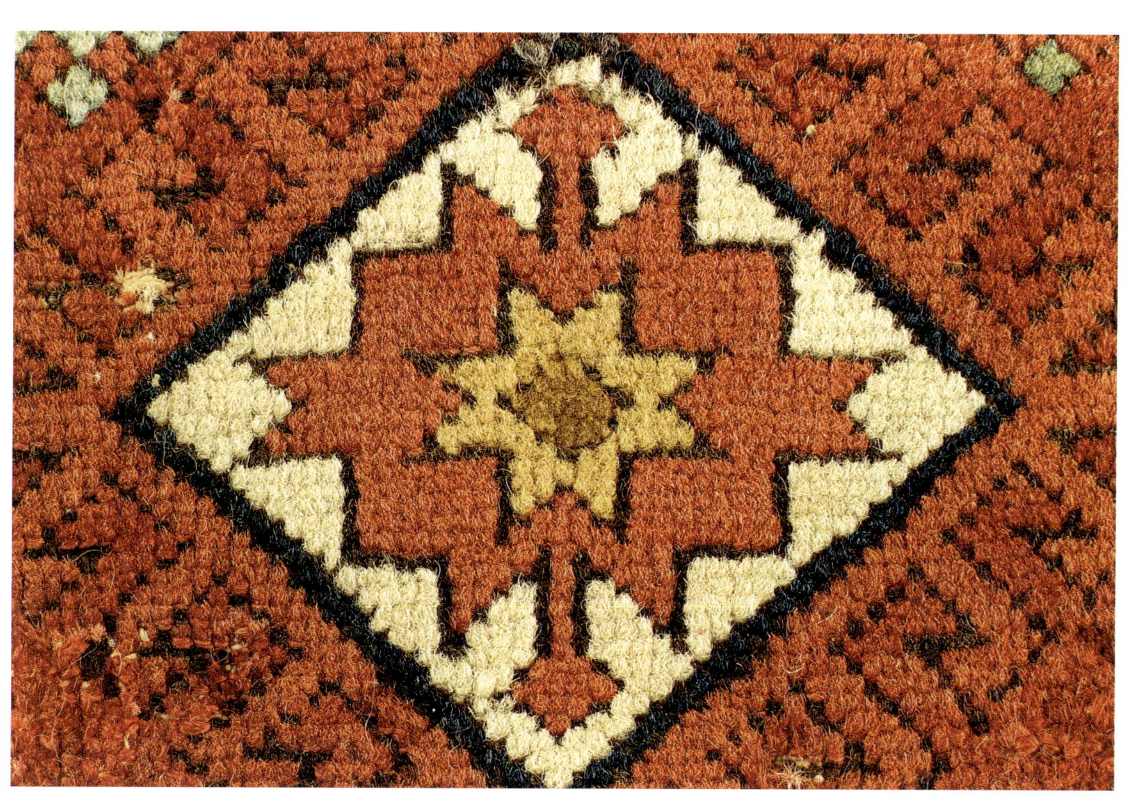

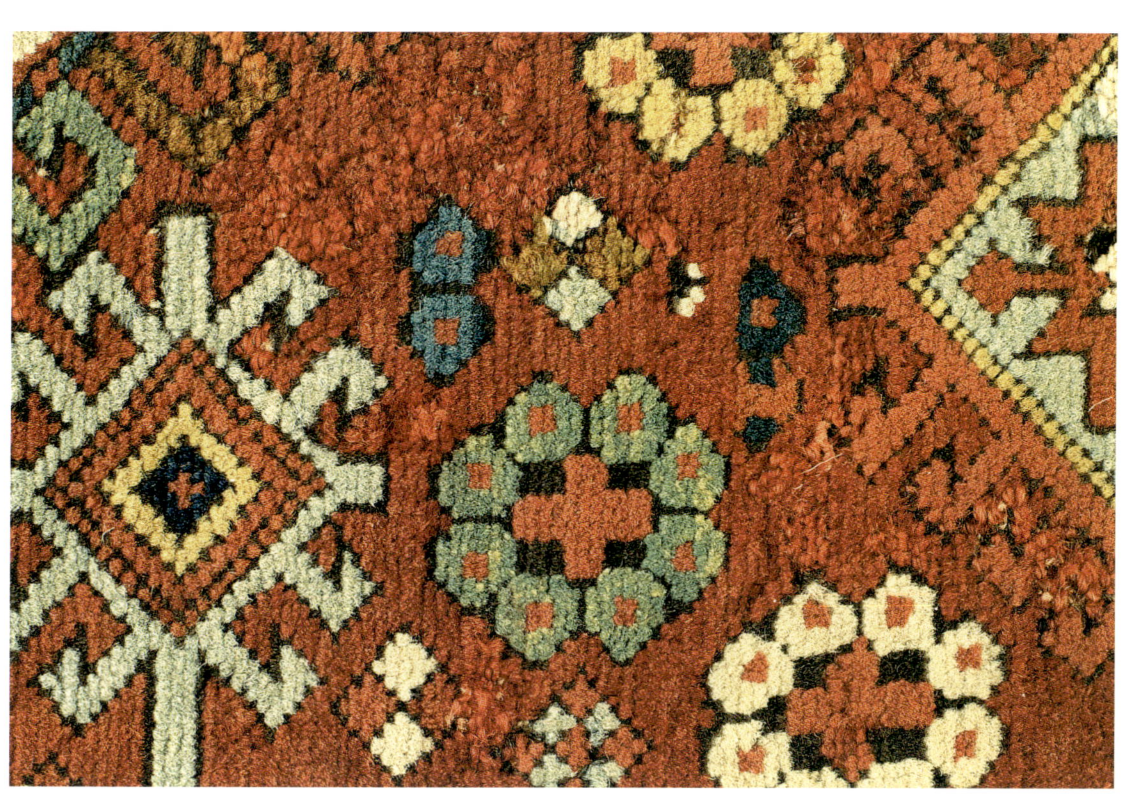

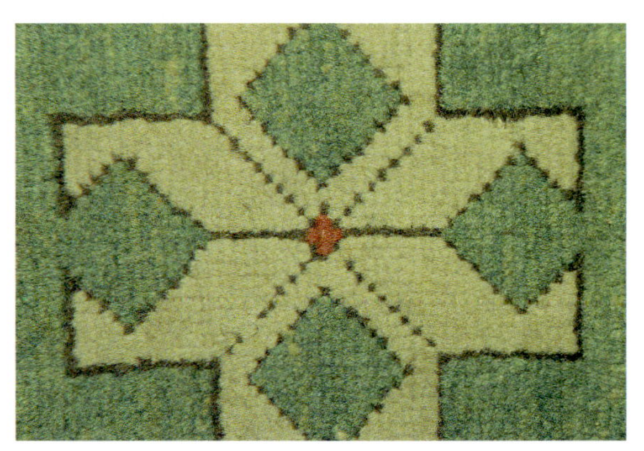

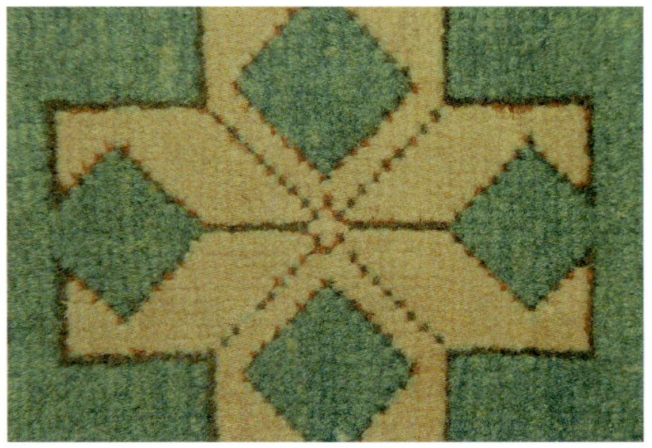

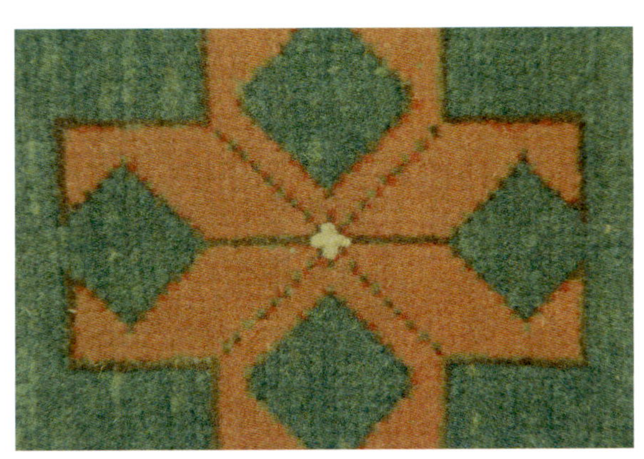

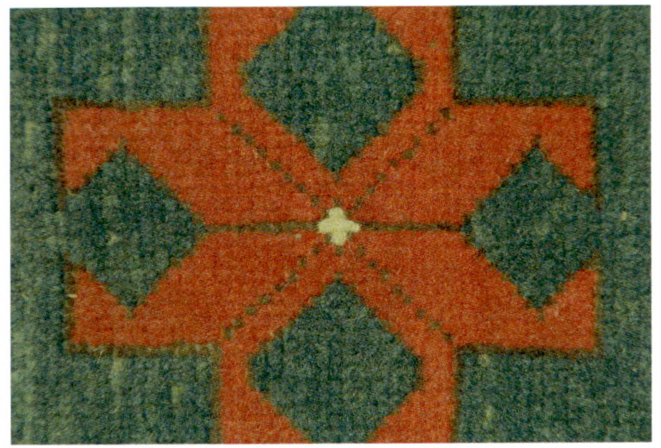

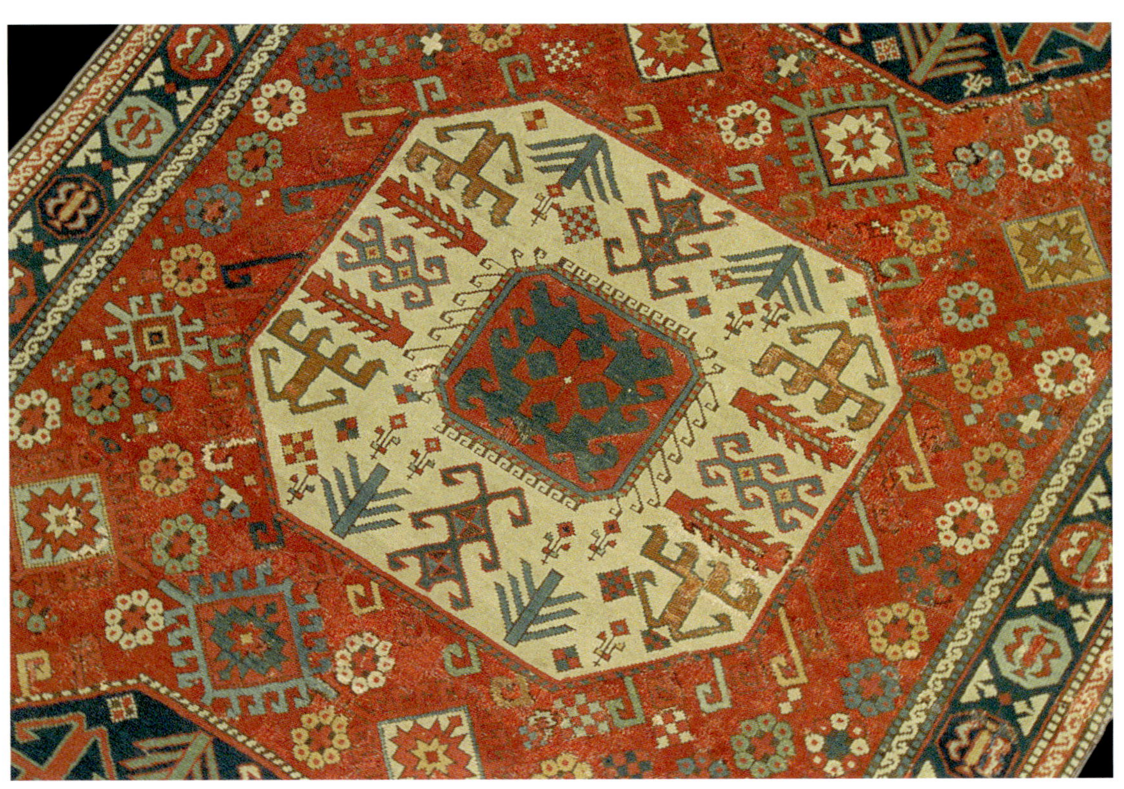

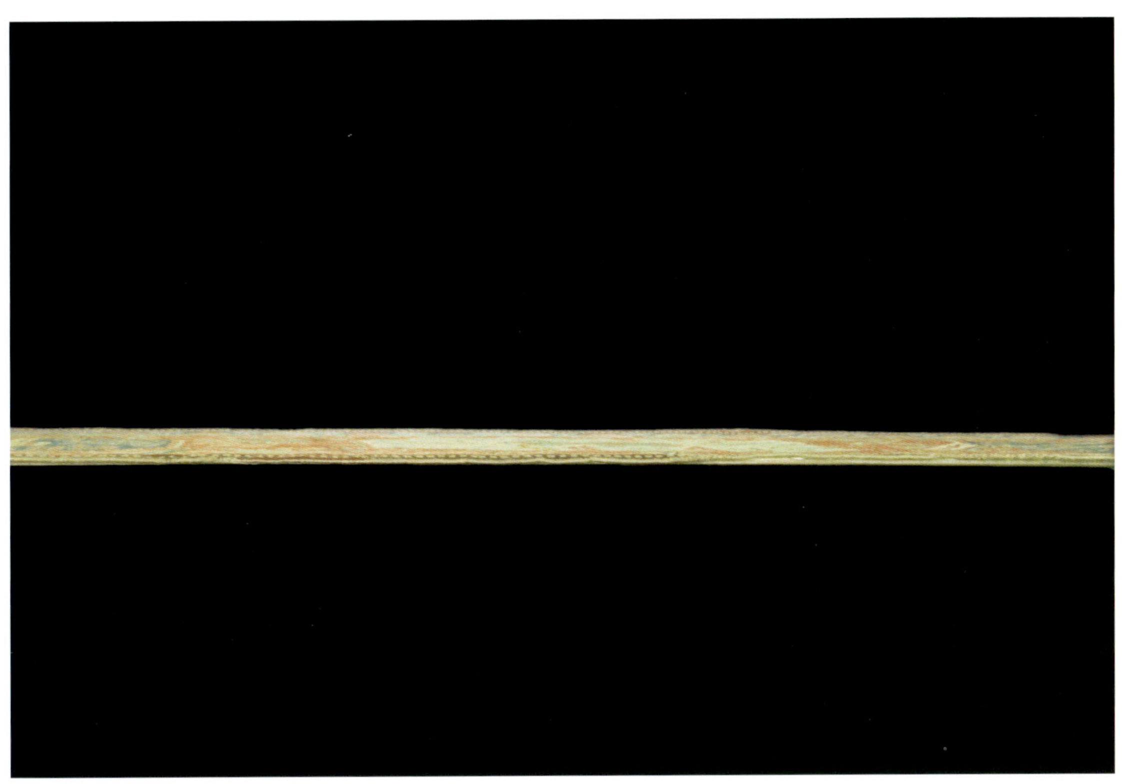

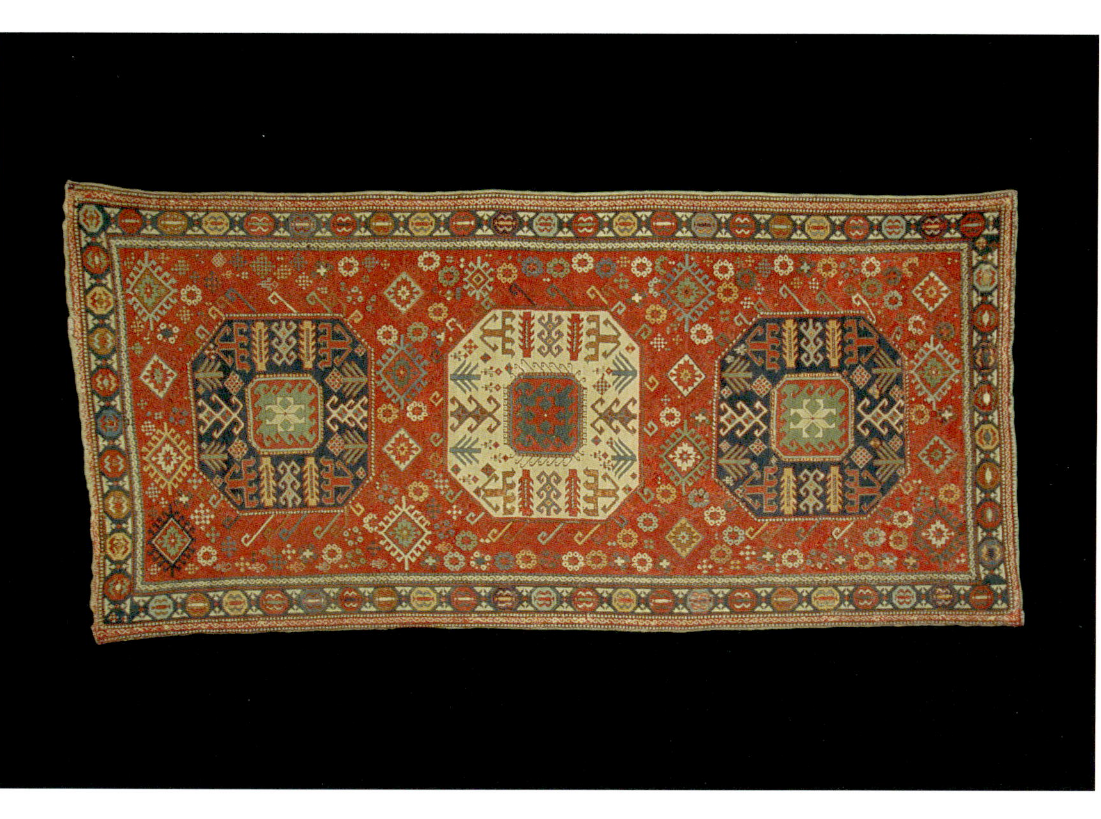

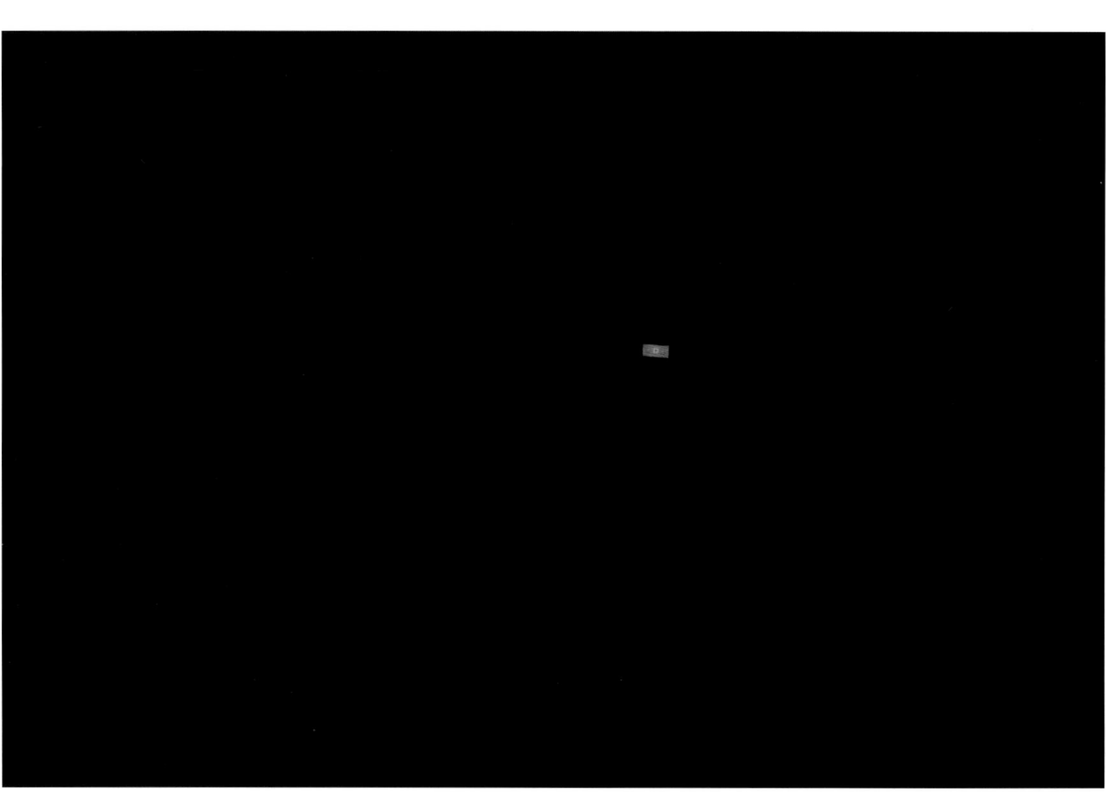

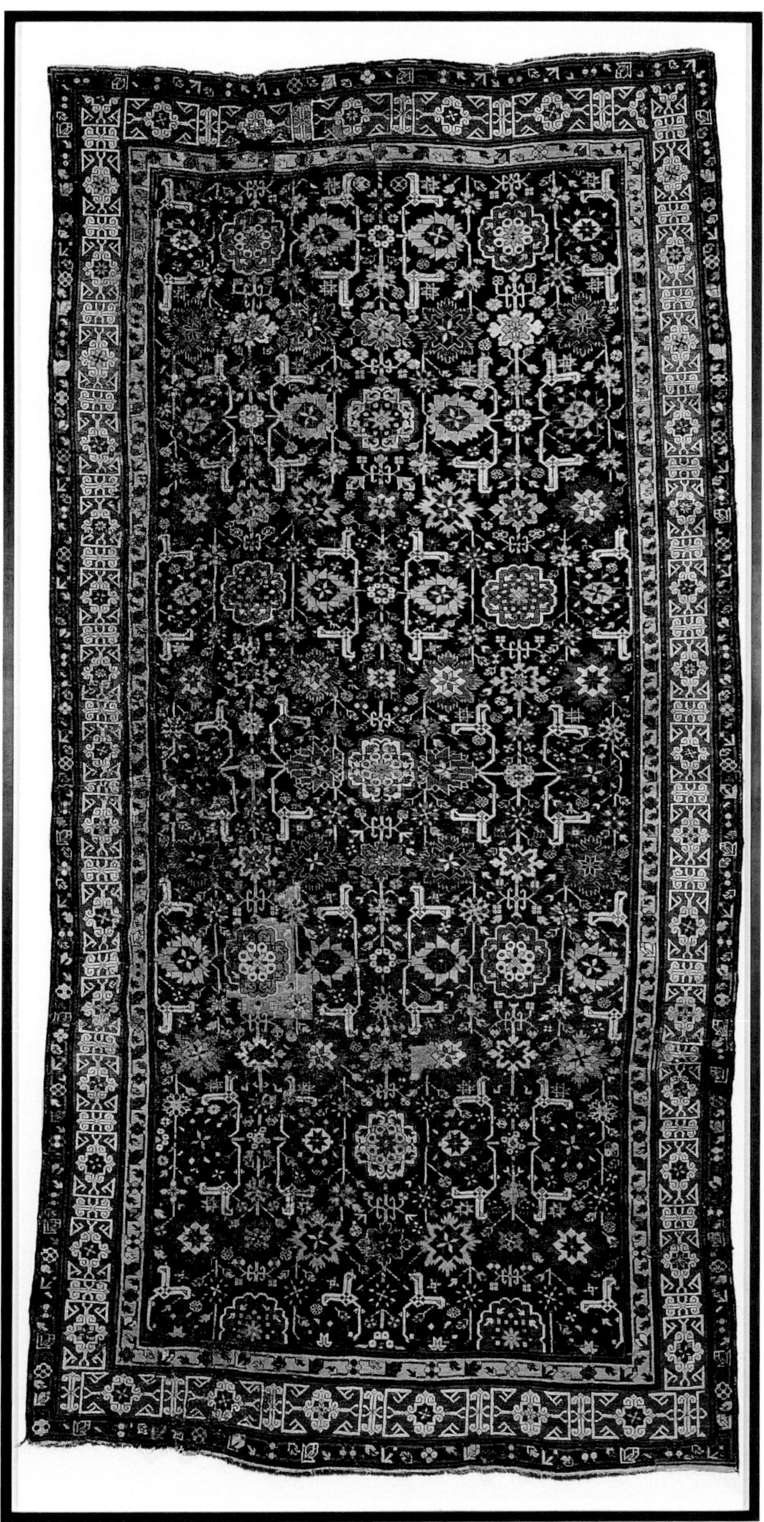

Caucasian Rug, Shirwan, Baku, ca. 1800,
2002, C-Print, 328 x 163 cm

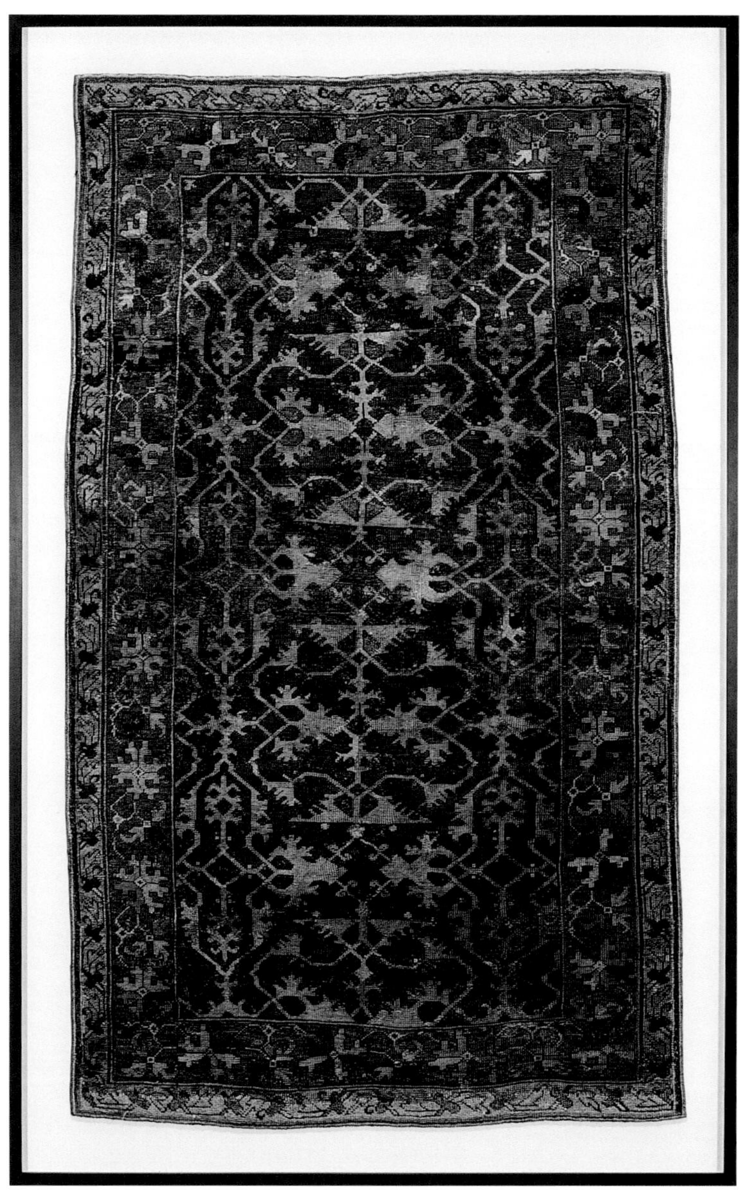

Lotto Carpet, probably Ushak, West Anatolia, 17th century,
2003, C-Print, 222 x 137 cm

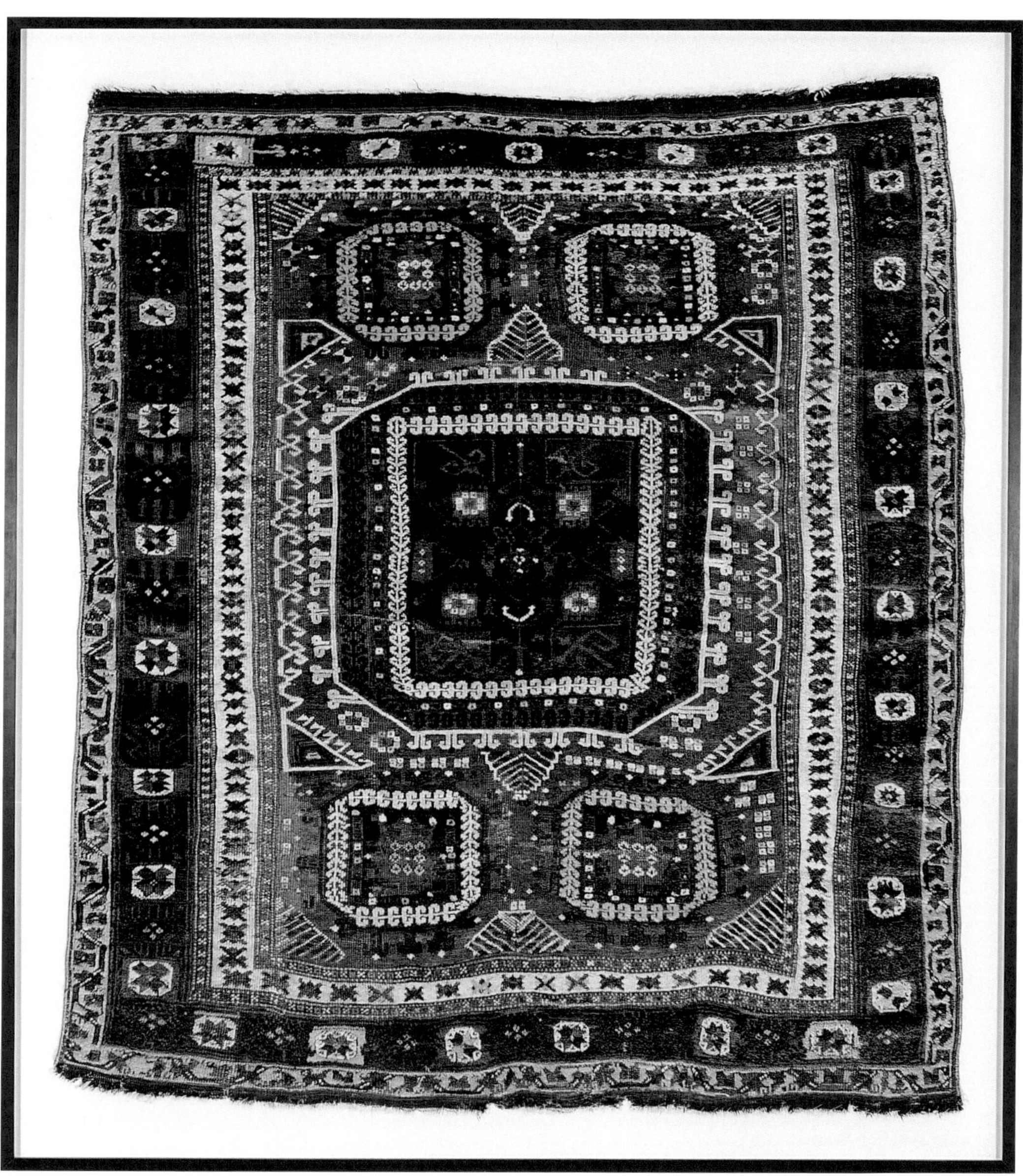

Bergama, West Anatolia, ca. 1850,
2003, C-Print, 212 x 184,5 cm

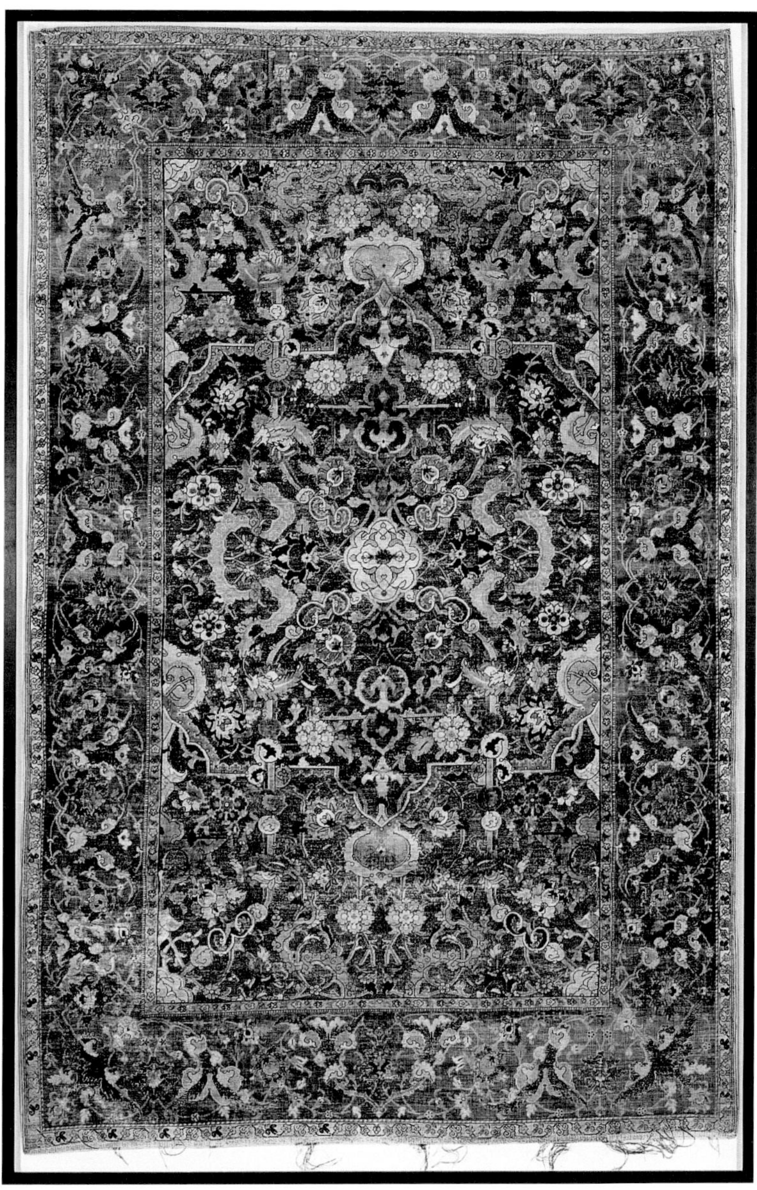

Persian Rug, Isfahan, Polonaise, early 17th century,
2003, C-Print, 233 x 148 cm

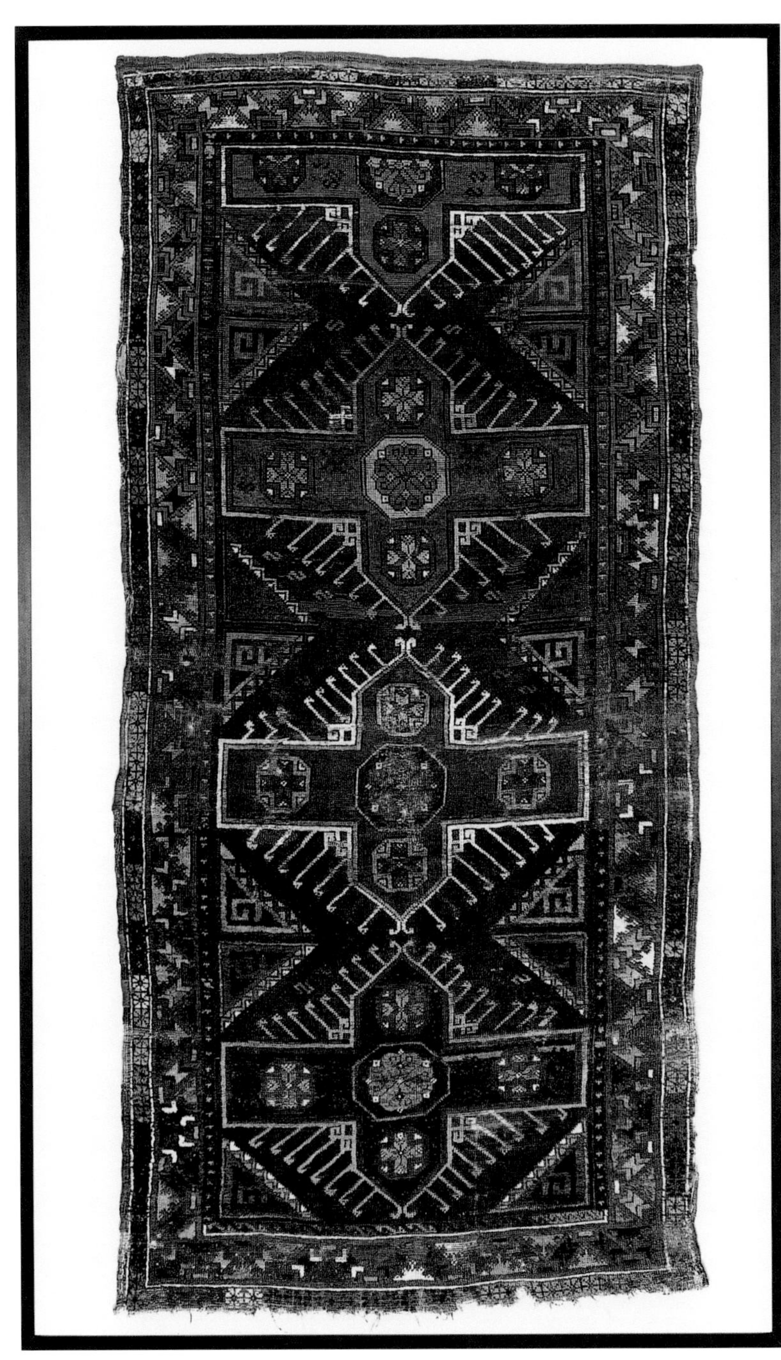

Anatolian Rug, Kemerihisar, late 19th century,
2003, C-Print, 304 x 144 cm

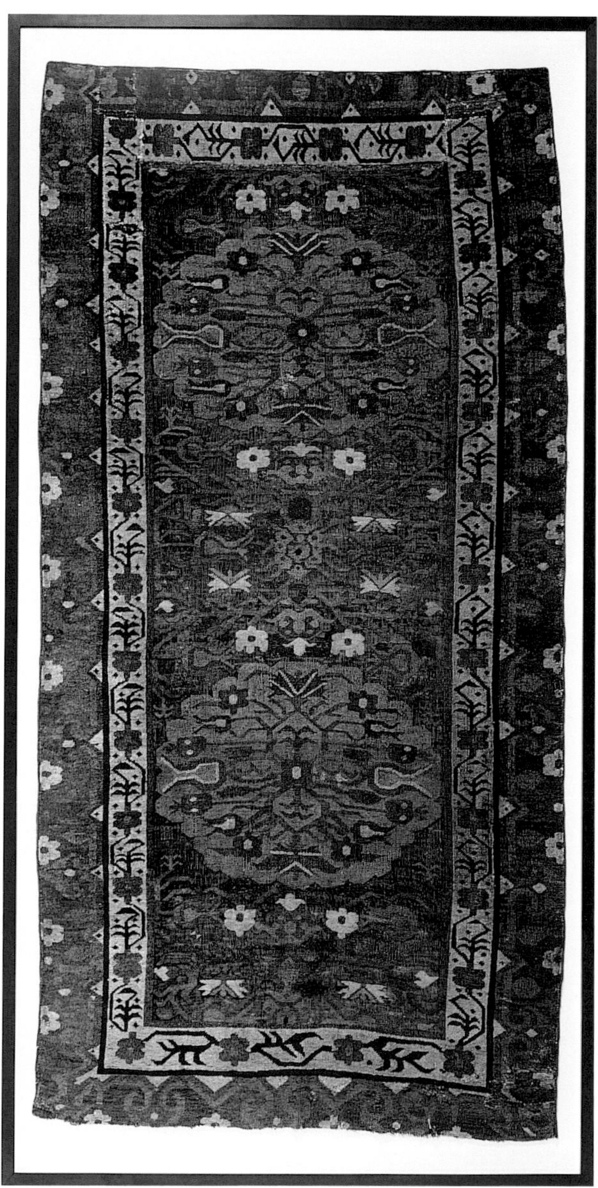

Anatolian Rug, Konia, 17th century,
2002, C-Print, 221 x 111 cm

The Point of Departure,
2002, C-Print, 127,5 x 187 cm

Die Arbeit *Bouquet I*, 2002, besteht aus drei Teilen: einer detaillierten Beschreibung des realisierten Bouquets; einer vollständigen Liste mit Angaben über Arten, Farben und Mengen der verwendeten Blumen und einem Echtheitszertifikat.

Die erste Version von *Bouquet I*, 2002, wurde von Doris Stein, Der Blumenladen, Köln, am 29. Oktober 2002 realisiert. *Bouquet I* wurde durch die Arbeit *Caucasian Rug, Shirwan, Baku, ca. 1800*, 2002, angeregt und besteht hauptsächlich aus Herbstblumen. Die Ausführung der ersten Version von *Bouquet I*, 2002, kann als eine Kooperation zwischen Doris Stein und den Künstlern betrachtet werden. Christopher Müller fertigte eine detaillierte Beschreibung der Arbeit von allen Seiten an. Anhand dieser Beschreibung und der ursprünglichen Liste der verwendeten Blumen kann *Bouquet I* jederzeit neu realisiert werden.

Die zweite Version von *Bouquet I*, ausgestellt in der Kunsthalle Zürich, ist eine Interpretation von Thomas Sauer, Blumenhalle, Zürich.

The work *Bouquet I*, 2002, consists of three parts: a detailed description of the flower arrangement; a complete list of the names of flowers (florist's terms) the arrangement is supposed to consist of, including details of type, colour and number of flowers; and a certificate of authenticity.

The first version of *Bouquet I*, 2002, was created by Doris Stein, Der Blumenladen, Cologne, 29 October 2002. *Bouquet I* is inspired by the work *Caucasian Rug, Shirwan, Baku, ca. 1800*, 2002, and consist mainly of autumn flowers. The realization of this first version can be considered as collaboration between the artists and Doris Stein.

Christopher Müller wrote a detailed description of the bouquet, considering views from all sides. Based on this description and the list of flowers which were used for the first version of the bouquet, the work *Bouquet I* can be realised in the future.

The second version of *Bouquet I* is an interpretation by Thomas Sauer, Blumenhalle, Zurich, to be part of the exhibition at Kunsthalle Zürich.

Beschreibung:
Bouquet I, 2002, soll zu einem Strauß gebunden und in eine einfache zylindrische Glasvase mit einer ungefähren Höhe von 30 cm und einem Durchmesser von etwa 25 cm gestellt werden. Oberhalb der Vase soll das Bouquet eine Höhe von 40 cm sowie einen Durchmesser von 75 cm erreichen.

Die Vorderansicht soll eine elliptische Form aufweisen. Allerdings ist die regelmäßige Silhouette durch einige vorspringende Elemente aufzubrechen. Grob gesagt soll die Form dem oberen Teil einer Zwiebel entsprechen.

Die verschiedenen Chrysanthemen sind in Gruppen angeordnet. Diese klar definierten Bereiche gehen an ihren Rändern ineinander über.

Im Gegensatz dazu sind die Rosen einzeln, allerdings in gewisser Regelmäßigkeit über den gesamten Strauß verteilt.

Die Spitze bildet ein Rittersporn, der leicht aus der Mitte des Straußes emporragt und von einem Euphorbienzweig und einer dunkelroten Rose flankiert wird. Auf der einen Seite des Straußes springt der Rittersporn an zwei weiteren Stellen aus der Gesamtform hervor.

Die orangefarbenen und roten Euphorbien bilden schweifartige Formen, die lose zwischen dem Blumenarrangement und der Vase herabhängen und (zusätzlich zur „Spitze") an zwei beiläufigen Stellen aus dem oberen Teil des Gebindes herausragen.

Einige größere kugelförmige Chrysanthemen, so zum Beispiel die weißen bzw. grünen, befinden sich leicht zurückgesetzt zwischen anderen Bereichen, vergleichbar dem umgeschlagenen Faden eines Flechtwerks.

Trotz seiner Ordnung soll der obere Teil des Bouquets einen lockeren, lebendigen Eindruck vermitteln. Einen Kontrast dazu bildet der untere Teil des Straußes, in dem die Stiele aller Blumen äußerst genau und regelmäßig gebunden und spiralförmig in ein und dieselbe Richtung gedreht sind.

Description:
Bouquet I, 2002, is supposed to be tied together in a bunch and placed in a simple clear glass cylinder vase of an approximate height of 30 cm and a diameter of 25 cm. The bouquet as it is appearing over the vase should have a height of 40 cm and a diameter of 75 cm.

The shape of the front view should be elliptical. However, the regularity of the silhouette should be interrupted by several protrusions. Roughly spoken, the shape should appear like the upper half of an onion.

The different chrysanthemums are grouped in clusters. These defined regions mix at their edges.

In contrast to that, the roses are scattered individually but in a certain regularity over the whole bunch.

The delphinium slightly towers above the centre of the bouquet as a peak, together with a branch of euphorbias and a deep red rose. The delphinium as well protrudes on two individual parts on one side of the bouquet.

The orange and red euphorbias form tail-like shapes hanging loosely where the flower arrangement meets the vase and are (additionally to the 'peak') on two incidental points sticking out of the upper part of the bouquet.

Some of the bigger sphere-like chrysanthemums, like the white or green ones, are sitting slightly receded in between the regions of others, as in a receding part of an implaid work.

Though organized, the upper part of the bouquet should have a loose and lively feel to it. In contrast to the lower part, where the stems of each flower are tied very precise and regularly, twisting in a spiral manner, all in the same direction.

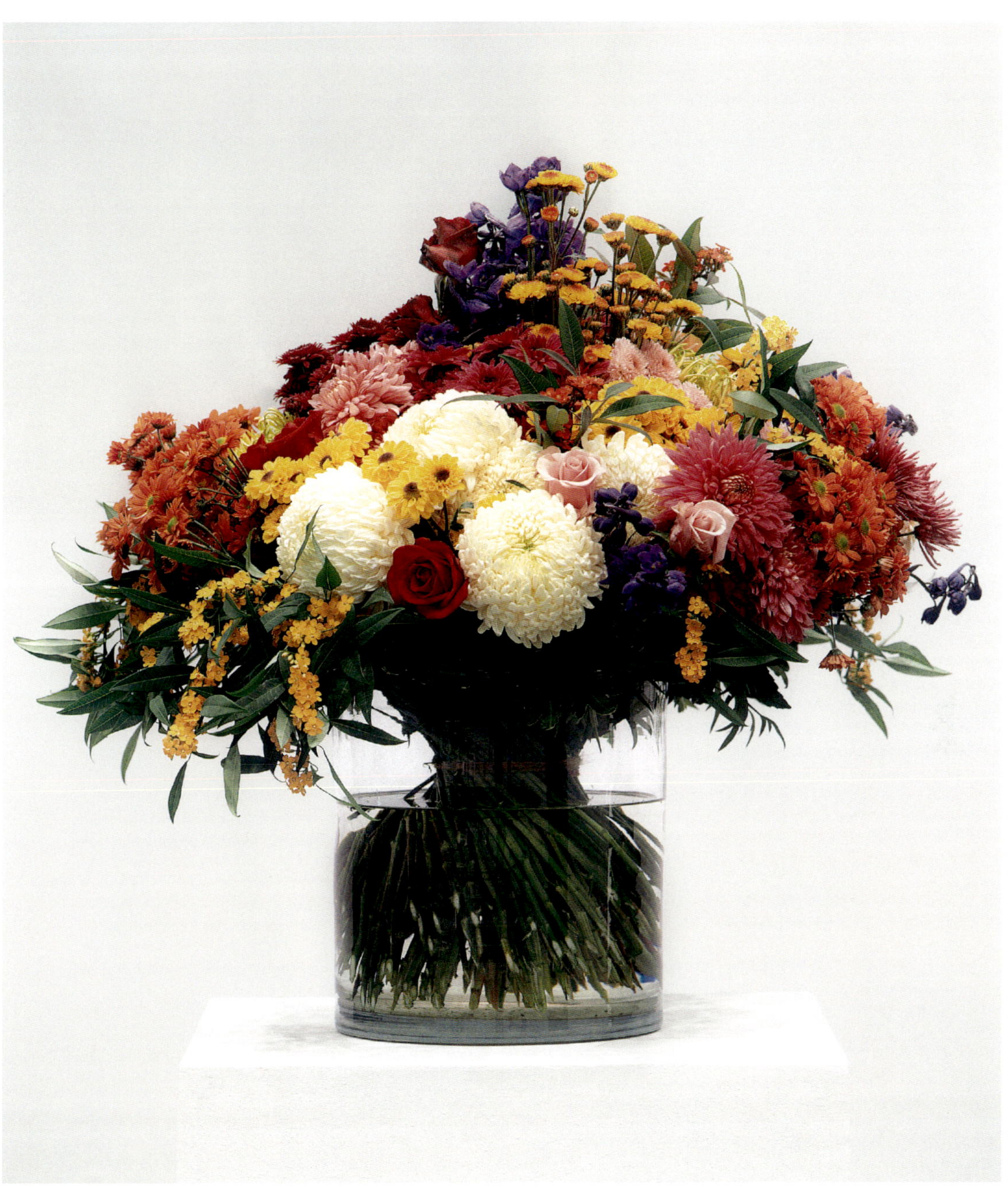

Bouquet I, 2002
erste Version · first version

Die Arbeit *Bouquet II*, 2003, besteht aus vier Teilen: einer Kopie des (von den Künstlern verfassten) illustrierten Artikels „Azra Akin, Agbani Darego, Ayaan Hirsi Ali, Amina Lawal"; einer detaillierten Beschreibung des realisierten Bouquets; einer vollständigen Liste mit Angaben über Arten, Farben und Anzahl der verwendeten Blumen und einem Echtheitszertifikat.

Die erste Version von *Bouquet II*, 2003, wurde zur Eröffnung der vergrößerten Galerie Regen Projects am 25. Januar 2003 von Joseph Free, Florist in West Hollywood, LA, arrangiert. *Bouquet II* wurde durch den illustrierten Artikel „Azra Akin, Agbani Darego, Ayaan Hirsi Ali, Amina Lawal" angeregt. Die Ausführung der ersten Version von *Bouquet II*, 2003 kann als eine Kooperation zwischen Joseph Free und den Künstlern betrachtet werden. Jesse McBride fertigte eine detaillierte Beschreibung der Arbeit von allen Seiten an. Anhand dieser Beschreibung und der ursprünglichen Liste der verwendeten Blumen kann *Bouquet II* jederzeit neu realisiert werden.

Die dritte Version von *Bouquet II*, ausgestellt in der Kunsthalle Zürich, ist eine Interpretation von Thomas Sauer, Blumenhalle, Zürich.

The work *Bouquet II*, 2003, consists of four parts: a copy of the illustrated article 'Azra Akin, Agbani Darego, Ayaan Hirsi Ali, Amina Lawal' (written by the artists); a detailed description of the flower arrangement; a complete list of the names of flowers (florist's terms) the arrangement is supposed to consist of, including details of type, colour and number of flowers; and a certificate of authenticity.

The first version of *Bouquet II*, 2003, was executed on occasion of the inauguration of the extended Regen Projects Gallery, 25 January 2003, created by Joseph Free, florist in West Hollywood, LA. The design was inspired by an illustrated article written by the artists in January 2003 called 'Azra Akin, Agbani Darego, Ayaan Hirsi Ali, Amina Lawal.' The realization of this first version can be considered as collaboration between the artists and Joseph Free. Jesse McBride wrote a detailed description of the bouquet, considering views from all sides. Based on this description and the list of flowers which were used for the first version of the bouquet, the work *Bouquet II* can be realised in the future.

The third version of *Bouquet II* is an interpretation by Thomas Sauer, Blumenhalle, Zurich, to be part of the exhibition at Kunsthalle Zürich.

Beschreibung:
Bouquet II, 2003, steht auf einem 91 cm hohen weißen Sockel mit einer quadratischen Grundfläche von 25 cm Seitenlänge. Die Vase selbst hat eine quadratische Grundfläche mit abgerundeten Kanten, besteht aus klarem, ungefärbtem Glas und misst 30 cm in der Höhe und 14 cm je Seite. Aus dieser Vase entspringen die aus Pflanzenarrangements gebildeten „Türme".

Der rechte Turm des Bouquets ist kegelförmig und von kompakter Gestalt. Er setzt sich aus horizontalen Schichten zusammen: 16 cm über dem Rand der Vase sprießen zwanzig blaue Hyazinthen hervor.

Über ihnen, dichter zusammengedrängt, befinden sich sechzig blaue Anemonen, darüber vierzig rote. Die zweite Lage, die sich von 24 bis 33 cm Höhe erstreckt, besteht aus dreißig roten Ranunkeln, zehn holländischen roten sowie zehn französischen roten Tulpen.

Die dritte und damit oberste Lage beginnt bei 47 Höhenzentimetern mit zehn weißen französischen Tulpen mit rosa Tupfen sowie drei Amarylliszweigen, die sich darüber erheben, eine Höhe von 58 cm über dem Vasenrand erreichen und mit ihren vier bis fünf weißen Blüten pro Stiel den Turm unter ihnen bekrönen.

Der gesamte erste Turm nimmt drei Seiten der Vase ein: die Vorderseite sowie die rechte und die hintere Seite.

Die Blumen am Fuß des ersten Turmes sind dicht an dicht geordnet und weichen nach und nach der loseren Form des zweiten Turmes links des Bouquets, der sich wiederum aus Orchideen und Weiden zusammensetzt, die fast wie in einem angedeuteten Kuss sich zur Spitze des ersten Turmes hinaufwinden.

Über dem Fuß des zweiten Turmes ragen zwei Mini-Malaienblumen, eine weiß, die andere violettrot, links über die Vase hinaus.

Description:
Bouquet II, 2003, stands atop a white pedestal 91 centimetres tall by 25 centimetres wide. The vase is square with rounded edges and is made of clear uncoloured glass, measuring 30 centimetres in height by 14 centimetres per side. Two 'towers' of floral arrangements emerge from the same vase.

The tower on the right of the bouquet is cone-shaped and compact in character. It is built up in horizontal layers: Sprouting 16 centimetres over the lip of the vase are 20 blue hyacinths.

Packed closely together, above them there are 60 blue anemones, and atop them 40 red anemones. The second layer, extending from 24 centimetres to 33 centimetres, features 30 red ranunculi, 10 red Dutch tulips, and 10 French red tulips.

The third and uppermost layer opens up with 10 white, dappled with pink, French tulips at 47 centimetres, and three amaryllis stalks towering over them reaching a height of 58 centimetres above the lip of the vase with four to five white blooms per stalk crowning the tower below.

The whole of the first tower fills the edges of three sides of the vase: the front, right and back.

The flowers at the base of the first tower are tightly packed together, giving way gradually to the looser quality of the second tower on the left side of the bouquet, which consists of orchids and willows, that snake around, almost as an air kiss, toward the top of the first tower.

On the base of the second tower, two mini phalaenopsis orchids, one white and one purple, are jutting over the left side of the vase. The purple one reaches up 68 centimetres and out to the left of the vase 31 centimetres. The white one reaches up 46 centimetres and out 34 centimetres. They mingle with five dark brown Hawaiian uleli fronds which pop up at various heights through-

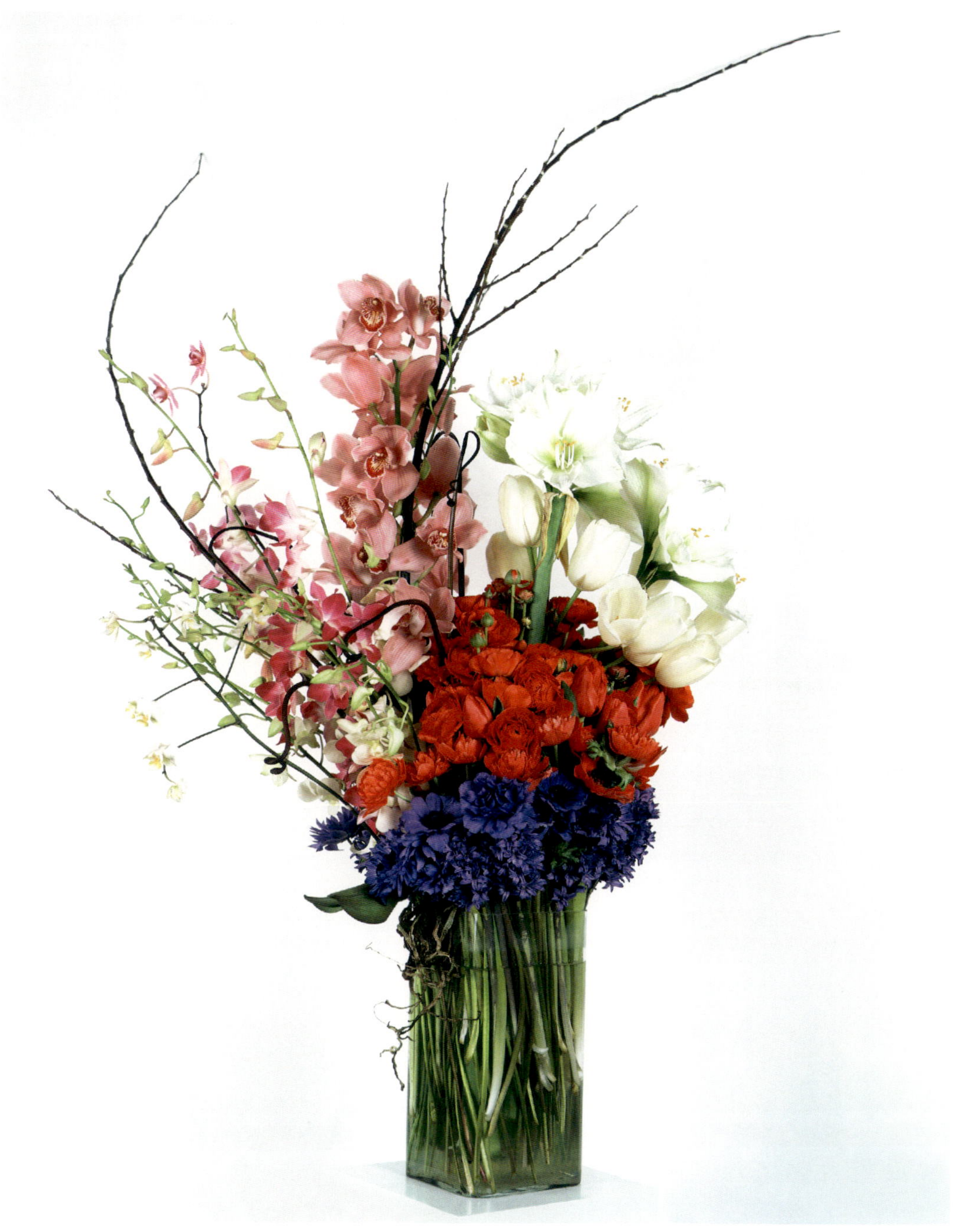

Bouquet II, 2003
erste Version · first version

Die violette erreicht 68 cm Höhe und steht links um 31 cm seit-
lich von der Vase ab. Die weiße ist 46 cm hoch und 34 cm breit.
Sie wechseln sich mit fünf dunkelbraunen hawaiianischen Uleli-
Wedeln ab, die in verschiedenen Höhen aus der Mitte und der
linken Seite der Vase hervortreten und eine Höhe von 71 bis 83 cm
erreichen. Die Wurzeln der Dendrobium fallen über die linke Seite
der Vase herab und hängen etwa 15 cm über den Vasenrand.
Eine holländische burgunderfarbene Cymbidium-Orchidee sprießt
aufwärts, krümmt sich nach links und biegt sich bei 92 cm Höhe
zurück in die Mitte.
Das Bouquet erreicht seine endgültige Höhe von 135 cm in
Form zweier Zweige rotbrauner wilder Weidekätzchen. Um die
Weidekätzchen schlängeln sich sieben violette thailändische
Dendrobium-Orchideen (120 cm), außerdem zwei besonders
lange hawaiianische weiße Dendrobien (112 cm).
Die Gesamtform des zweiten Turmes entspricht einem eleganten
Linksbogen, der über den ersten Turm reicht, um anschließend
wieder nach rechts zurückzuschwingen.

out the centre and left of the vase, reaching between 71 and 83
centimetres. The roots of the dendrobium tumble over the left
side of the vase and hang below the lip about 15 centimetres.
A burgundy Dutch cymbidium orchid spurts upward, arching left
and then bends into the centre extending to 92 centimetres.
The bouquet reaches it's height of 135 centimetres with two
brown-red, wild pussy willows. The pussy willows are snaked by
seven purple Thai dendrobium orchids (120 centimetres), and
two extra-long white Hawaiian dendrobium orchids (112 centimetres).
The general shape of the second tower is an elegant arc toward
the left, which reaches above the first tower, and swings back
toward the right.

Azra Akin, Agbani Darego, Ayaan Hirsi Ali, Amina Lawal

Am 17. November 2001 wurde die achtzehnjährige Agbani Darego aus Nigeria zur Miss World gewählt. Moderiert wurde die Endausscheidung in Sun City, im Herzen Südafrikas, von Jerry Springer. Ehrengast war Nelson Mandela. In jenem Jahr siegte der Stolz über die gewohnte Kritik[1] an der Bikini-Parade: Darego war die erste schwarzafrikanische Miss World und somit ein leuchtendes Beispiel für viele Mädchen und Frauen in ganz Afrika, für die Hellhäutigkeit immer noch das höchste Schönheitsideal darstellte.[2] Darego, die im Süden Nigerias lebt, machte ausdrücklich klar, dass sie Christin sei. Ihr besonderer Dank galt daher Gott, dem sie stets dafür dankbar sei, dass er ihr Leben mit seiner Liebe gekrönt habe.

Nachdem Nigeria lange Zeit von einem Militärcoup in den nächsten geschliddert war, besitzt es seit 1999, dem Jahr, in dem Olusegun Obasanjo an die Macht kam, eine gewählte Regierung. Doch die durch die Rückkehr einer zivilen Regierung eingeleitete politische Liberalisierung verschaffte auch militanten Vertretern unterschiedlicher ethnischer und religiöser Gruppen[3] die Möglichkeit, ihre Frustration offener und mit wachsender Brutalität zum Ausdruck zu bringen. Seit 1999 sind Tausende von Menschen in Kämpfen zwischen den verschiedenen Volksgruppen umgekommen; in einigen Gruppen kam es außerdem verstärkt zu separatistischen Anstrengungen.
Die Einführung des islamischen Gesetzes, der Shari'ah, in zwölf der verarmten, überwiegend islamischen Bundesstaaten des Nordens verschärfte die Spaltungen weiter. Mehr als 3000 Christen mussten bei blutigen Protestmärschen ihr Leben lassen, woraufhin Tausende in die südlichen Bundesstaaten flohen. Die Gerichte der Shari'ah verhängten strenge Strafen, darunter die Prügelstrafe sowie Amputationen für Gesetzesüberschreitungen wie Diebstahl[4] und Ehebruch.

Am 22. März 2002 wurde die dreißigjährige Muslimin Amina Lawal von einem Shari'ah-Gericht in Bakori im nördlichen Bundesstaat Katsina zum Tod durch Steinigung verurteilt. Amina hatte eingestanden, ein Kind bekommen zu haben, obwohl sie geschieden war. Der als Kindsvater genannte Mann bestritt, Sex mit ihr gehabt zu haben. Daraufhin wurde die Anklage gegen ihn fallen gelassen. Während des ersten Verfahrens, in dessen Verlauf auch das Urteil gefällt wurde, hatte Amina keinerlei Rechtsbeistand. Erst später legte sie mit Hilfe einer Rechtsanwältin, engagiert von einem Zusammenschluss nigerianischer Menschen- und Frauenrechtsorganisationen, Berufung gegen das Urteil ein. Doch am 19. August bestätigte das Shari'ah-Berufungsgericht in Funtua das Todesurteil durch Steinigung gegen Lawal. Diese Bestätigung war ein Schock für die zivilisierte Welt sowohl in Nigeria als auch außerhalb, insbesondere für diejenigen, die aktiv für den Schutz der Rechte Aminas eingetreten waren.
Am 27. September 2002 legte Amnesty International den nigerianischen Vertretern des Londoner Hochkommissariats eine 1,3 Millionen Unterschriften umfassende Petition für Amina Lawal vor, die wahrscheinlich eine der größten Mobilisierungen in der Geschichte des Internet darstellt.

Der Fall Amina Lawal warf einen Schatten auf die bevorstehenden Miss World-Wahlen, die am 30. November in Abuja, der Hauptstadt Nigerias, stattfinden sollten. Die Teilnehmerinnen aus Frankreich, Kanada, Belgien, der Elfenbeinküste und Norwegen drohten mit dem Boykott der Veranstaltung, sollte Aminas Fall nicht im positiven Sinne entschieden werden. Die Finalistinnen aus Costa Rica, Dänemark, der Schweiz, Panama und Südafrika hatten sich bereits gegen eine Teilnahme entschieden. Diejenigen,

On November 17th 2001 18-year-old Agbani Darego from Nigeria was chosen Miss World. The finals were hosted by Jerry Springer and took place in Sun City in the heart of South Africa. Nelson Mandela was guest of honour. This year pride prevailed over the usual criticism[1] on the bikini-parade: Darego was the first black African Miss World, a shining example to many girls and women all over Africa, for whom having a fair complexion was still the highest ideal in beauty.[2] Darego, resident to the south of Nigeria, made it specifically clear she's a Christian. Her very special thanks went out to 'God, whom [she would] always be grateful [to] for crowning [her] life with his love…'

Nigeria, after having lurched from one military coup to another, had had an elected leadership since 1999, when Olusegun Obasanjo came to power. But the political liberalization ushered in by the return to civilian rule allowed militants from the many different ethnic and religious groups[3] to express their frustrations more freely, and with increasing violence. Since 1999 thousands of people had died in communal rivalry, and separatist aspirations among some groups started to grow. The gradual imposition of Islamic law, Shari'ah, in 12 of the impoverished, predominately Islamic northern states embedded divisions and caused thousands of Christians to flee to the south after more than 3000 had died in bloody protest marches. The Shari'ah courts imposed strict punishments, including floggings and amputations for transgressions like theft[4] and adultery.

On March 22nd 2002 Amina Lawal, a 30 year-old Muslim woman, was sentenced to be stoned to death by a Shari'ah court at Bakori in Katsina State, northern Nigeria. Amina had confessed to having had a child while divorced. The man named as the father of her baby denied having had sex with her; the charges against him were dropped. Amina did not have a lawyer during her first trial, when the judgement was passed. Later she filed an appeal against her sentence, with the help of a lawyer hired by a pool of Nigerian human and women's rights organizations. But on August 19th a Shari'ah court of appeal in Funtua took the decision to uphold the sentence of death by stoning, imposed on Lawal. This confirmation shocked civil society in and outside Nigeria, especially all those who had been actively campaigning for Amina's rights to be protected.
On September 27th 2002 Amnesty International presented a 1.3 million-strong petition for Amina Lawal to the Nigerian officials of the London High Commission, presumably one of the biggest mobilizations in the history of the Internet.

Amina Lawal's case cast a shadow over the Miss World 2002 pageant, to be held on November 30th in Nigeria's capital Abuja. Candidates from France, Canada, Belgium, Ivory Coast and Norway threatened to boycott the competition if Amina's case was not resolved. Finalists from Costa Rica, Denmark, Switzerland, Panama and South Africa had already decided not to take part at all. Others who thought their presence in Nigeria might function as a statement in itself, fell prey to Christian as well as Muslim criticism on the bikini parade: showing bare upper legs was considered highly controversial in Nigeria. The Muslim community also opposed the date of the finals, November 30th falling in the last week of the holy month Ramadan. The competition's preparations could only be resumed after the date was postponed to December 7th, and after the Nigerian government had delivered an official statement concerning Amina Lawal's prosecution: 'We restate that no person shall be condemned to death by stoning in Nigeria. Nigeria will invoke its constitutional powers

die sich erhofft hatten, dass allein ihre Anwesenheit in Nigeria als eine Art Statement funktionieren würde, wurden Opfer sowohl christlicher als auch muslimischer Kritik an der Bikini-Parade: In Nigeria galt das Zeigen nackter Oberschenkel als äußerst kontrovers. Die Muslimische Gemeinde war zudem nicht mit dem Austragungsdatum der Endausscheidung am 30. November einverstanden, da dieser Tag in die letzte Woche des Fastenmonats Ramadan fiel. So konnten die Vorbereitungen für den Wettbewerb erst fortgesetzt werden, als der Termin auf den 7. Dezember verschoben worden war und nachdem die nigerianische Regierung eine offizielle Erklärung zur Strafverfolgung von Amina Lawal abgegeben hatte: „Wir betonen erneut, dass in Nigeria kein Mensch zum Tod durch Steinigung verurteilt wird. Nigeria wird seine verfassungsmäßigen Rechte einsetzen, um jeder negativen gerichtlichen Entscheidung entgegenzuwirken, die sich als nachteilig und schädlich für sein Volk auswirken könnte."[5]

Amina, die weder schreiben noch lesen konnte und in ihrem Dorf keinen Zugang zu Radio oder Zeitungen hatte, hatte noch nie etwas von den Miss World-Wahlen gehört, als man sie nach ihrer Meinung[6] zu dem Boykott befragte, den einige der schönsten Frauen der Welt ihretwegen veranstalteten. Sie ließ jedoch klar verlauten, die Show solle ruhig weitergehen: „Lasst sie kommen. Ich weiß, dass sich alles zum Guten wenden wird, denn meinetwegen kommen Leute aus der ganzen Welt."

Und so fanden sich die angehenden Missen in ihrem Bestreben, die Aufmerksamkeit auf die Rechte unterdrückter muslimischer Frauen zu lenken, im feministischen Lager wieder und wurden damit dem Motto des diesjährigen Wettbewerbs vollends gerecht, das da lautete „Beauty with a Purpose".

Am Samstag, dem 16. November, kommentierte die 24-jährige Isioma Daniels, eine in England aufgewachsene Christin, die muslimischen Reaktionen zum Miss World-Spektakel in Nigerias beliebter Tageszeitung *ThisDay* wie folgt: „Die Moslems fanden es unmoralisch, 92 Frauen nach Nigeria zu bringen, um sie zu bitten, in Eitelkeit zu schwelgen. Was würde (der Prophet) Mohammed darüber denken? Seien wir doch ehrlich, er hätte sich wahrscheinlich eine von ihnen (den Teilnehmerinnen) zur Frau genommen."[7]

Die Empörung der Moslems über diese Aussage wuchs in den nächsten Tagen stetig an,[8] bis am Mittwoch, dem 20. November, Moscheen in der im Norden gelegenen Stadt Kaduna offiziell zu Demonstrationen gegen Daniels, ihren Artikel, *ThisDay* und die Misswahlen aufriefen.

Bei den Unruhen, die folgten, wurden mehr als 200 Menschen getötet. Tausende verloren ihre Bleibe oder wurden verletzt. Zwanzig Kirchen und acht Moscheen wurden zerstört, und der Hauptsitz der Tageszeitung *ThisDay* in Kaduna wurde niedergebrannt. Am Freitag, dem 22. November, griffen die Unruhen trotz einer förmlichen Entschuldigung in der am gleichen Tag erschienenen Ausgabe von *ThisDay* auf Abuja über. Vor der größten Moschee der Stadt riefen die Demonstranten: „Nieder mit der Schönheit!", während die Teilnehmerinnen der Misswahlen unter strengsten Sicherheitsvorkehrungen im nahe gelegenen Abuja Hilton Hotel versteckt gehalten wurden.

Am 23. November beschlossen die Miss World-OrganisatorInnen, die Endausscheidung und die Teilnehmerinnen nach London zu verlegen, und zwar „zum Wohle der Nation", wie die Sprecherin des Wettbewerbs, Stella Din, es ausdrückte.

Die Enttäuschung über die Absage der Veranstaltung traf Abuja schwer; die Aussichten darauf, dass Millionen von Zuschauern weltweit einen Eindruck von Nigerias touristischer Pracht erhalten würden, lösten sich in Rauch auf.

to thwart any negative ruling which is deemed injurious to its people.'[5]

Amina, who could not read nor write and in her village had never had access to radio nor newspapers, had never heard of Miss World before she was asked to give her opinion[6] on the boycott held in her honour by several of the world's most beautiful women. Still she made it clear she wanted the show to go on: 'Let them come. I know things will work out because people are coming from all over the world for me.'

And so the aspiring Misses ended up in the feminist camp, trying as they claimed to raise attention for the rights of repressed Muslim women, doing justice to the competitions latest slogan: 'Beauty with a Purpose.'

On Saturday, November 16th, 24-year-old Isioma Daniels, educated in England and a Christian, commented on the Muslims reactions to the Miss World spectacle in Nigeria's popular daily *ThisDay*. 'The Muslims thought it was immoral to bring 92 women to Nigeria to ask them to revel in vanity,' she wrote. 'What would [the Prophet] Mohammed think? In all honesty, he would probably have chosen a wife from among [the contestants].'[7]

The next days indignation under Muslims grew[8] until, on Wednesday, November 20th, mosques in the northern city of Kaduna officially called for demonstrations against Daniels, her article, *ThisDay* and the Miss World contest.

More than 200 people got killed in the riots that followed. Thousands became homeless or wounded. Twenty churches and eight mosques were destroyed, and *ThisDay*'s headquarters in Kaduna were burned down to the ground. On Friday, November 22nd, despite a formal apology in *ThisDay*'s copy of that same day, the riots spread to Abuja. Outside the city's biggest mosque demonstrators yelled: 'Down with beauty!', while at short distance the Miss World contestants were kept hidden under severe security in the Abuja Nicon Hilton Hotel.

On November 23rd the Miss World organization decided to move the final and the contestants to London, 'for the sake of the nation,' as the pageants spokeswoman Stella Din put it.

The disappointment over loosing the competition hit Abuja hard; the prospect of billions of viewers worldwide being introduced to Nigeria's tourist splendour went up in smoke. The losses of investors including the Nigerian National Petroleum Corporation, the Ministry of Women Affairs and Youth Development, Nigeria Airways and first lady Stella Obasanjo's Child Care Trust, added up to an estimated 10 billion Naira.[9] Agbani Darego claimed to be 'shocked,' and at Silverbird Productions, the Nigerian organizers

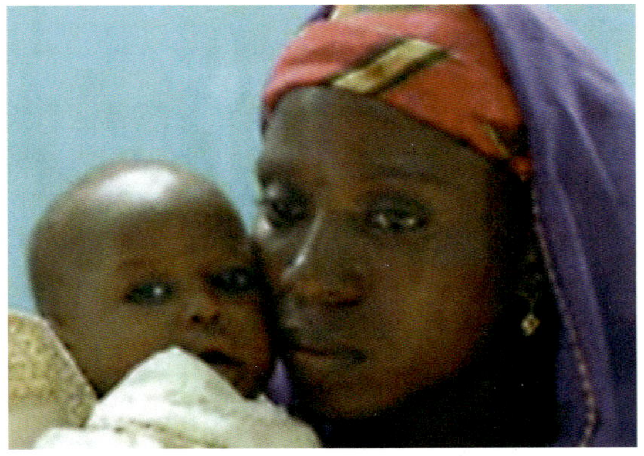

Der Verlust der Investoren, darunter die staatliche Ölgesellschaft Nigerian National Petroleum Corporation, das Ministerium für Frauenfragen und Jugendentwicklung, die staatliche Fluggesellschaft Nigeria Airways sowie die Kinderwohltätigkeitsorganisation der First Lady, Stella Obasanjo, belief sich auf schätzungsweise 10 Milliarden Naira.[9] Agbani Darego ließ verlauten, sie sei „schockiert", und bei Silverbird Productions, dem nigerianischen Organisator des Wettbewerbs, sprachen die MitarbeiterInnen von „einer nationalen Katastrophe". Präsident Obasanjo behauptete, die Medien seien für die Kontroverse um die Miss World-Wahlen verantwortlich.

Im nördlichen Bundesstaat Zamfara rief der Vizegouverneur Mamoudu Shinkarfi eine Fatwa gegen Isioma Daniels aus. Shinkarfi sagte im staatlichen Fernsehen: „Jeder echte Moslem würde dafür sorgen, dass das Blut dieser Frau vergossen wird, wo immer sie auch sei." Obgleich die Berechtigung der Fatwa von Moslems in der ganzen Welt angezweifelt wurde (Daniels war selbst keine Muslimin, und *ThisDay* hatte sich für sie entschuldigt), gab Daniels ihren Posten auf und floh in die USA.

Unterdessen wurde in den Niederlanden eine weitere junge Frau aufgrund ihrer freimütigen Ideen von radikalen Moslems bedroht. Eine Kurzbiografie: Ayaan Hirsi Ali wurde 1969 in Somalia geboren. Ihr Vater, ein politischer Aktivist, musste 1975 sein Heimatland verlassen, weil er den Diktator Mohamed Siad Barre kritisiert hatte. Er ging mit seiner Familie nach Kenia. Trotz einer strengen fundamentalistisch-islamischen Erziehung durfte Ayaan zur Schule gehen. Dem Wunsch der Großmütter gemäß wurde sie jedoch beschnitten und im Alter von zwanzig Jahren mit einem Cousin verheiratet. Sie floh in die Niederlande, studierte dort Politikwissenschaften, wurde Vorstandsmitglied von Amnesty International und begann für die Wiardi Beckman-Stiftung zu arbeiten, dem wissenschaftlichen Forschungszentrum der niederländischen Arbeiterpartei PvDA. Schwerpunktthema ihrer Arbeit wurde die Stellung muslimischer Frauen in den Niederlanden.

Zwanzig Jahre lang hatten linke Regierungen versucht, MigrantInnen in die niederländische Gesellschaft zu integrieren. Unter dem Motto „Integration mit Respekt für individuelle Identität" wurden Hunderte von staatlich geförderten Islam-Schulen, Hilfsorganisationen und Zufluchtsstätten gegründet. Hirsi Ali behauptete, all diese Institutionen förderten die Ausgrenzung muslimischer MigrantInnen aus der niederländischen Gesellschaft. Die sozio-religiösen Mechanismen, die dieser Ausgrenzung zugrunde lägen und die Probleme muslimischer Frauen (Beschneidung, arrangierte Ehen, Analphabetismus, soziale und finanzielle Abhängigkeiten, Isolation, Folter) unangetastet ließen, würden vollkommen übersehen. Hirsi Ali plädierte für radikale kulturelle Veränderungen, eine Aufklärung, die aus der moslemischen Gesellschaft selbst kommen müsse, welche ihrer Ansicht nach zwanghaft andere für ihre eigenen Probleme verantwortlich mache. Unter linken Kulturrelativisten wären diese Themen von jeher indiskutabel. Ayaan behauptete, diese hätten zwar für die Emanzipation westlicher Frauen gekämpft, die muslimischen Frauen allerdings im Regen stehen lassen: „Die Arbeiterpartei sagt mir als Migrantin nichts weiter, als dass ich das Recht zu meiner eigenen Rückständigkeit habe."[10]

Als Hirsi Ali sich nach dem 11. September 2001 öffentlich vom Islam lossagte, begann ihr in London lebender Vater Morddrohungen zu erhalten; die meisten stammten von Flüchtlingen aus Somalia. Im darauf folgenden Jahr wurde Hirsi Alis Position noch deutlicher: Sie beschuldigte den Islam als Kultur und als Religion explizit des Missbrauchs an muslimischen Frauen, während ihre Partei, die PvDA, zwischen extremen und modera-

of the beauty pageant, staff spoke of 'a national disaster.' President Obasanjo claimed the media were responsible for the controversy over the Miss World pageant.

In the northern state Zamfara a fatwa was called upon Isioma Daniels by Mamoudu Shinkarfi, deputy governor of that state. Shinkarfi on national TV: 'Any true Muslim would make sure that this woman's blood is spilled wherever she is.' Though the legitimacy of the fatwa was disputed by Muslims all over the world (Daniels was not a Muslim herself, and had apologized through her employer, *ThisDay*), Daniels resigned from her job and fled to the United States.

Meanwhile in the Netherlands, another young woman was threatened by radical Muslims for her outspoken ideas. A brief biography: Ayaan Hirsi Ali was born in Somalia in 1969. Her father, a political activist, had to flee the country in 1975 for criticising it's dictator Mohamed Siad Barre, and took the family to Kenya. In spite of her strict fundamentalist Islamic upbringing Ayaan was allowed to attend school, but to her grandmother's wish she was circumcised, and married off to a cousin at the age of 20. She escaped to the Netherlands, where she studied political sciences, became board member of Amnesty International, and then started working for the Wiardi Beckman Foundation, the scientific research centre of Dutch 'Labour Party' PVDA. The focus of her research became the position of Muslim women in the Netherlands.

For 20 years leftwing governments had tried to integrate immigrants in Dutch society under the motto 'integration with respect for individual identity,' resulting in hundreds of state-funded Islam-schools, help-organizations and refuges. Hirsi Ali stated all these institutions contributed to the segregation of Muslim immigrants from Dutch society, while overlooking the underlying socio-religious mechanisms that kept Muslim women's problems (circumcision, arranged marriages, illiteracy, social and financial dependency, isolation, torture) intact. Hirsi Ali proposed a radical cultural change, an Enlightenment from within Muslim society, a society she claimed compulsively blamed others for its own problems. These issues were traditionally not discussible amongst leftwing culture relativists. Ayaan argued they had been fighting for the emancipation of Western women, but left the Muslim women out in the rain: 'As an immigrant, the Labour Party keeps telling me I have a right to my own backwardness.'[10]

When Hirsi Ali openly diverted from Islam after September 11th 2001 her father, who lived in London, started receiving threats to her life, mostly coming from Somalian refugees. In the year that followed, Hirsi Ali's position got more clear: she explicitly blamed

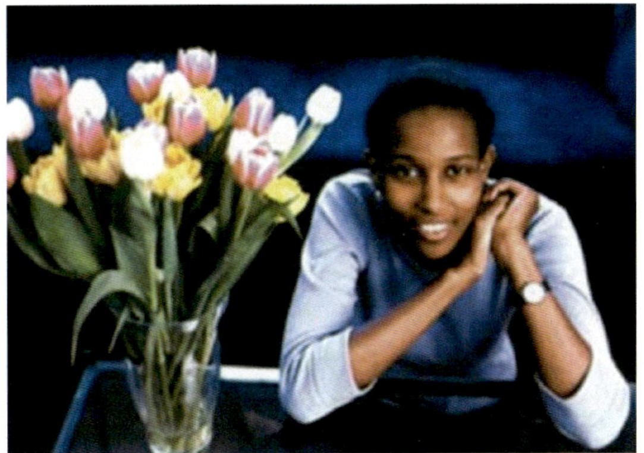

ten Moslems unterschied. Die Anzahl der Morddrohungen gegen sie nahm zu, und so beschloss sie um den 20. Oktober 2001 herum, Holland zu verlassen und sich (mit finanzieller Unterstützung der Beckman-Stiftung) in den USA zu verstecken so wie Isioma Daniels. Dort verfasste sie einen kontroversen Artikel über eine kontroverse berufliche Entscheidung: Sie hatte beschlossen, die PvDA zu verlassen und der VVD, der niederländischen rechten liberalen Partei, beizutreten. Die Reaktionen des rechten Flügels reichten von enthusiastisch („Zu Recht verlässt sie die PvDA. Die sollte man wegen Rassismus und Diskriminierung verklagen."[11]) bis skeptisch („Sie ist nichts weiter als eine skrupellose Opportunistin."[12]). Was die Linke anbetraf, so wurde Hirsi Ali von einigen gewarnt („Sie sollte sich darüber im Klaren sein, dass nicht nur moslemischer Fundamentalismus eine Bedrohung für unsere Gesellschaft darstellt, sondern auch die Radikalisierung der Rechten. Ihre Aussagen können leicht von rassistischen Zellen missbraucht werden."[13]), andere wünschten ihr Glück („Integration bedeutet, dass MigrantInnen nicht in der Isolation ihrer eigenen Minderheitengruppen verbleiben, sondern unabhängig entscheiden können, wem sie sich anschließen möchten."[14]).
Am 2. Dezember wurde Ayaan vom Wahlausschuss der VVD[15] als Wahlkandidatin aufgestellt, womit sie zu dem wurde, was linke Kritiker als „Hollands ersten wählbaren rechten Rechtfertigungs-Ali" bezeichneten. Im neo-populistischen „Post-9/11-Holland" konnten althergebrachte linke oder rechte Positionen innerhalb der bestehenden politischen Verhältnisse nicht mehr als selbstverständlich erachtet werden, sogar (oder insbesondere) wenn es um die Rechte von muslimischen Frauen ging.

Am 7. Dezember 2002 wurde die Endausscheidung der Miss World-Wahlen aus dem Londoner Alexandra Palace in 142 verschiedene Länder übertragen und erreichte nach Angaben der OrganisatorInnen ein weltweites Publikum von mehr als zwei Milliarden Menschen. Im Verlauf der Show wurde – auf Bitten der Teilnehmerinnen – eine kurze Pause im Gedenken an Amina Lawal abgehalten. Siegerin des Wettbewerbs wurde Miss Türkei, die 21-jährige Azra Akin, geboren und aufgewachsen als türkische Migrantin dritter Generation in der ostniederländischen Kleinstadt Almelo. Azra nahm die Krone und 100.000 Britische Pfund[16] in Empfang und ließ 92 Mitbewerberinnen hinter sich. Ihre Zimmergenossin in Abuja und London, Miss Holland Elise Boulogne, erreichte Platz 14.
In einer exorbitanten Zeremonie setzte Agbani Darego Akin die Siegeskrone auf das Haupt. Später erzählte Azra Reportern, die Brutalität in Nigeria habe sie schockiert, und sie fügte hinzu: „Ich wünsche, die Menschen auf der Welt würden respektvoller miteinander umgehen."
Azra wurde die erste muslimische Miss World.

In Almelo waren die Reaktionen auf Azras Sieg gemischt. Nachbarn schmückten ihr Haus mit der niederländischen Flagge und erklärten: „Wir konnten keine türkische finden..." *Tubantia*, eine Lokalzeitung, hostete auf ihrer Website hitzige Chatsessions: „Wenn sie Türkin sein will, soll sie doch in die Türkei gehen," beschwerte sich ein Leser. Ein anderer antwortete: „Sie ist eine von uns. Auch die Tulpen kamen ursprünglich aus der Türkei..." Nilgün Yerli, türkischer Kolumnist der Amsterdamer Tageszeitung *Parool*, vertrat die Ansicht, Azra hätte niemals die Chance auf irgendeine repräsentative Funktion erhalten, wäre sie in der Türkei aufgewachsen: „Diese Schönheit, die vier Sprachen spricht, ist ein Geschenk des niederländischen Bildungssystems an die Türkei."
In der Türkei dagegen wurde sie allseits herzlich begrüßt. Azra, die, nachdem sie erfahren hatte, dass sie zur Miss Türkei gewählt

Islam, both as a culture and as a religion, for the abuse of Muslim women, where her party PVDA made a distinction between extremist and moderate Muslims. The threats on her life increased and around the 20th of October 2002 Hirsi Ali decided to leave Holland and (with financial support of the Beckman Foundation) hide in the United States, like Isioma Daniels. There she wrote a controversial article about a controversial career move: she would leave the PVDA to join the VVD, the rightwing liberal party.
From the right wing reactions went from enthusiastic ('She's right leaving PVDA. They should be sued for racism and discrimination.'[11]) to sceptical ('She's just a ruthless opportunist.'[12]). From the left some warned Hirsi Ali ('She should realize that not only Muslim fundamentalism is a threat to our society, so is rightwing radicalization. Her statements can easily be misused by racist cells.'[13]), while others wished her luck ('Integration means immigrants don't stay isolated within their minority group, but decide independently with whom they wish to associate.'[14]).
On December 2nd Ayaan was inaugurated on VVD's electoral[15] congress and thus became what critics called 'Holland's first electable rightwing Apology Ali.' In neo-populist, post-'9-11' Holland traditional leftwing or rightwing positions within the existing political relations could no longer be taken for granted, even (or especially?) when the rights of Muslim women were concerned.

On December 7th 2002 the Miss World final was broadcasted in 142 different countries from London's Alexandra Palace to what the organizers claimed a global audience of more than two billion viewers. During the show a brief pause was held—at the contestants' request—to remember Amina Lawal. The winner was Miss Turkey, 21 year-old Azra Akin, who was born and raised as a third generation Turkish immigrant in Almelo, a small city in the east of the Netherlands. Azra took the crown and £100.000,[16] leaving 92 contestants behind her; her roommate in Abuja and London, Miss Holland Elise Boulogne, came number 14.
In a delirious ceremony Agbani Darego put the crown of victory on Akins head. Azra told reporters afterwards that she had been shocked by the violence in Nigeria, adding, 'I wish people in the world would be more respectful to each other.'
Azra Akin became the first Muslim Miss World.

In Almelo reactions to Azra's victory were mixed. Neighbours decorated her house with the Dutch flag saying: 'We couldn't find a Turkish one…' *Tubantia*, a local daily, hosted lively chat sessions on its web site. 'If she wants to be Turkish, let her go to Turkey,' one reader would complain. Another would answer: 'She's one of us. Tulips once came from Turkey too, you know…' Nilgün Yerli, Turkish columnist for Amsterdam's daily *Parool*, stated Azra would never have had a chance to any representative function had she been educated in Turkey: 'This beauty, who speaks four languages, is a present to Turkey from the Dutch educational system.'
In Turkey, however, the welcome was unanimously warm. Azra, who was taught her very basic Turkish during a summer course after she learned she had been elected Miss Turkey,[17] was welcomed by prime minister Gül in person while newspaper *Hürriyet* decorated its front-page with her portrait (in bikini): 'a perfect example of the modern, secular Muslim woman.' Popular daily *Milliyet* headlined: 'Azra leads Turkey into EU.'
But a week later Turkey's hopes for a date for EU membership were shattered: on December 18th, during the EU Expansion-top in Copenhagen, a large majority of EU-members voted against Turkey's accession, mainly quoting the state of human rights in

worden war, während eines Sommerkurses Grundkenntnisse in der türkischen Sprache erlernt hatte,[17] wurde von Premierminister Gül persönlich empfangen. Und die Tageszeitung *Hürriyet* schmückte gar ihr Titelblatt mit einem Bikini-Foto von ihr: „Das perfekte Beispiel einer modernen, weltoffenen muslimischen Frau." Die Schlagzeile der populären Tageszeitung *Milliyet* lautete: „Azra führt die Türkei in die EU."

Doch nur eine Woche später wurden die Hoffnungen der Türkei auf ein Datum für den Beitritt zur EU wieder zerstört; am 18. Dezember stimmte die Mehrheit der EU-Mitgliedsstaaten während des EU-Gipfels in Kopenhagen gegen den Beitritt der Türkei. Der am häufigsten angeführte Grund war die Situation der Menschenrechte in dem Land.

Der amerikanische Präsident George Bush hatte bis zuletzt versucht, die Entscheidung in Kopenhagen zugunsten der Türkei zu beeinflussen. Nicht nur sind bei der Vorbereitung eines möglichen Kriegs gegen den Irak die Grenzen der Türkei zum ölreichen Norden des Landes[18] sehr wichtig geworden, Bush befürchtete zudem, dass eine Ablehnung der Türkei durch die EU dazu führen könne, dass enttäuschte Türken leichter dem Fundamentalismus zum Opfer fallen würden.

Die Organisatorin und Mitbegründerin der Miss World-Wahlen, Julia Morley, muss sich ähnliche Gedanken gemacht haben, als sie auf die Frage nach ihrer Reaktion auf die Unruhen in Kaduna konstatierte: „Was die Welt jetzt braucht, ist Tourismus, nicht Terrorismus."

Turkey as a reason. America's president George Bush had been trying to influence Copenhagen's decisions to the last moment in favour of Turkey. While preparing an eventual attack on Iraq, Turkey's border with the country's oil-rich north[18] were important. Also he feared that, following a rejection by the EU, disappointed Turks might easily fall prey to Muslim fundamentalism.

Miss World organizer and co-founder Julia Morley must have thought along the same lines when she was asked to react on the riots in Kaduna and stated: 'What the world needs now is tourism, not terrorism.'

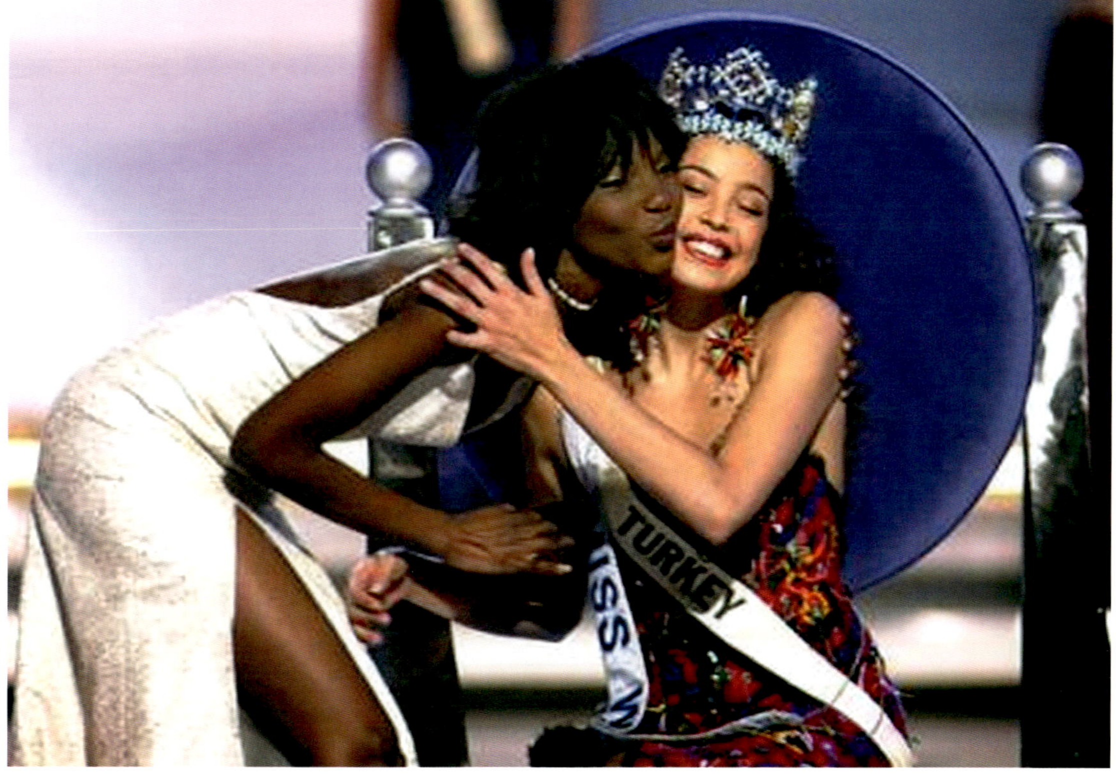

1   Die Proteste fanden nicht immer auf verbaler Ebene statt:
    1970 warfen Feministinnen während der Misswahl in der
    Londoner Royal Albert Hall mit Mehltüten und trieben damit
    den Moderator Bob Hope von der Bühne. 1996 schoss
    die Polizei während der Endausscheidung im indischen
    Bengalor mit Tränengas und Plastikgeschossen auf Steine
    werfende Demonstranten, und ein Mann beging Selbst-
    mord, indem er sich selbst anzündete.

2   Cremes zum Bleichen dunkler Haut waren sehr beliebt,
    aber auch gefährlich: Ernst zu nehmende Hautkrankheiten,
    offene Wunden und Narben waren keine Seltenheit. Kriti-
    sche NigerianerInnen warfen den Miss World-Wahlen vor,
    einzig und allein westliche Schönheitsideale wie „groß und
    schlank" in den Vordergrund zu stellen. Dabei würden in
    den meisten afrikanischen Ländern üppige Frauen als viel
    attraktiver angesehen. Die meisten Miss World-Bewerberin-
    nen glätteten sich daher das Haar, und viele ließen sich
    sogar durch Schönheitsoperationen ihre Nasen verschmä-
    lern.

3   Nigeria zählt 250 verschiedene ethnische und religiöse
    Gruppierungen bei einer Bevölkerung von 120 Millionen
    Menschen. Nigeria ist Afrikas bevölkerungsreichstes Land.

4   Bei Diebstählen mit einem Mindestwert von knapp
    7,50 Euro oder „dem Preis für eine Ziege".

5   Der nigerianische Bundesjustizminister erklärte Aminas
    Verurteilung für verfassungswidrig, lehnte es aber trotz-
    dem ab, direkt einzugreifen. Wahrscheinlich wollte er den
    Ausbruch weiterer Krawalle vermeiden; bis zum heutigen
    Tag (22.01.03) wurde die Anklage gegen Lawal nicht offi-
    ziell fallen gelassen.
    (Anm. d. Verf.: Am 25. September 2003 wurde die Anklage
    gegen Amina schließlich offiziell fallen gelassen.)

6   Am 6. Oktober 2002 wurde Amina von Katsina, wo sie ohne
    ausländisches Besuchsrecht in einem Gefängnis festge-
    halten wurde, in die italienische Botschaft nach Abuja ge-
    bracht. Dort traf sie Elizabetta Zamparutti und Sergio D'Ella,
    VertreterInnen der Menschenrechtsorganisation Hands of
    Cain, sowie Roberto Giachetti und Benedetto Della Vedova,
    Abgeordnete des italienischen Parlaments. Die italienische
    Delegation war angereist, um ihre Sorge über Amanias
    Situation zum Ausdruck zu bringen. Am 23. Oktober schick-
    te Sergio D'Ella einen offiziellen Brief an Julia Morley, die
    Organisatorin der Misswahlen. Der Brief enthielt Auszüge
    aus dem Gespräch mit Amina.

7   In ihrem kritischen Artikel mit dem Titel „Miss World 2002:
    The World at their Feet" rechnete Daniels neben den
    Moslems auch mit anderen Gegnern der Misswahlen ab:
    „Die Pragmatiker fragten sich, warum so viel Geld ausge-
    geben würde (...) für etwas so Oberflächliches wie einen
    Schönheitswettbewerb, wenn es doch Dinge gäbe (...) wie
    kollabierende Wirtschaftunternehmen, galaxieweite Arbeits-
    losigkeit (...) und Armut, für die nicht halb so viel Engage-
    ment aufgebracht wird wie für einen Schönheitswettbewerb.
    Außerdem findet der Wettbewerb in (....) zwei Bundes-
    staaten einer Föderation mit 36 Bundesstaaten statt (...).
    Für das übrige Nigeria hätte jeder Morgen, den diese
    Frauen im Land verbringen, keine direkten Auswirkungen
    auf (...) das Leben. Die meisten Teilnehmerinnen kommen
    aus privilegierten westlichen Ländern wie Holland und
    Australien."

8   Die meisten Moslems sagten, sie seien durch Textmeldun-
    gen auf ihren Mobiltelefonen auf den in ihren Augen belei-
    digenden Artikel aufmerksam geworden.

1   Protests did not always remain verbal: in 1970, feminists
    threw bags of flour during the event at London's Royal
    Albert Hall, chasing host Bob Hope off the stage. In 1996,
    during the finals in the Indian city of Bangalore, police fired
    tear gas and rubber bullets at rock-throwing protesters, and
    one man committed suicide by self-immolation.

2   Whitening crèmes for dark skin were very popular but risky:
    severe skin diseases, wounds and scars were no exception.
    Critical Nigerians had blamed Miss World for promoting
    solely Western beauty values: tall and skinny, while in most
    African countries voluptuous women were considered more
    attractive. Most African Miss World contestants would
    have their hair straightened, and many of them had their
    noses narrowed down by operation.

3   250 different ethnic and religious groups on a population
    of 120 million. Nigeria is Africa's most populous country.

4   The minimum stolen amount prescribed for amputation
    would be $8, or 'the price of a goat.'

5   The Federal Minister of Justice himself declared Amina's
    sentences unconstitutional yet he refused to intervene
    directly, presumably to keep more riots from breaking out;
    till this day (21-1-03) the charges against Lawal have not
    been officially dropped.
    (Authors' note: On September 25th 2003, the charges
    against Amina were officially dropped.)

6   On October 16th 2002, Amina was brought from Katsina,
    where she was kept in prison and where no foreigners were
    allowed to visit her, to the Italian Embassy in Abuja to
    meet with Elizabetta Zamparutti and Sergio D'Elia, repre-
    sentatives of Hands of Cain, and Roberto Giachetti and
    Benedetto Della Vedova, members of the Italian Parliament.
    The Italian delegation had come to express their concern
    with Amina's situation. On October 23rd Sergio D'Elia sent
    Julia Morley an official letter with exerts of the conversation
    with Amina.

7   In her critical article titled 'Miss World 2002: The World at
    their Feet' Daniels also summed up which other groups
    besides the Muslims opposed the beauty pageant: 'The
    pragmatic wondered what the point was in spending so
    much money (…) on something as cursory as a beauty
    pageant when there are (…) collapsing businesses, galaxy-
    wide unemployment (…) and poverty, which are not being
    given half as much commitment as a beauty pageant. Also,
    the contest is taking place in (…) two states, in a 36 state
    federation (…). For the rest of Nigeria, every morning these
    women spend in the country would not make a direct
    impact on (…) their lives. Most of the contestants come
    from privileged Western countries like Holland and
    Australia.'

8   Most Muslims said their attention to the in their opinion
    offending article was drawn through text messages on their
    mobile phones.

9   10 billion Naira = app. $ 800 million (22-01-03).

10 Ayaan Hirsi Ali, 'De zoontjesfabriek', p. 55.

11 Chat forum JOVD (VVD's junior branch),
    http://www.jovd.com/forum/.

12 Chat forum Stadspartij (City Party) Rotterdam,
    http://www.stadspartij.nl/forum/.

13 Eric Krebere, 'Bedreigde Ayaan Hirsi Ali verdient linkse
    steun', http://www.defabel.nl/.

14 Bart Tromp, The Hague City Council member for PVDA,
    http://www.denhaag.pvda.nl/.

15 The rightwing coalition of CDA (Christian Democrats), VVD

9 10 Milliarden Naira entsprechen ungefähr 746 Millionen Euro (Stand 22.01.03).

10 Ayaan Hirsi Ali, „De zoontjesfabriek", S. 55.

11 Chatforum der JOVD (Jugendorganisation der VVD), http://www.jovd.com/forum/.

12 Chatforum der Stadepartij (Stadtpartei) Rotterdam, http://www.stadepartij.nl/forum/.

13 Eric Krebere, „Bedreigde Ayaan Hirsi Ali verdient linkse steun", http://www.dofobal.nl/forum/.

14 Bart Tromp, PvDA-Ratsmitglied der Stadt Den Haag, http://www.denhaag.pvda.nl/.

15 Die rechte Koalition aus CDA (Christdemokraten), VVD und LPF (rechte Volkspartei) wurde aufgrund interner Machtkämpfe innerhalb der LPF im Oktober 2002, fünf Monate nach den Wahlen, aufgekündigt. Im Vorfeld der auf Januar 2003 festgesetzten Neuwahlen bemühten sich sowohl die VVD als auch die CDA um desillusionierte LPF-Anhänger, wobei beide versuchten, so konservativ aufzutreten, wie ihre Parteiprogramme es erlaubten.

16 100.000 Britische Pfund entsprechen 150.875 Euro (Stand 22.01.03).

17 Türken, die Azra im Fernsehen sahen, waren verwirrt: „Anstelle von ‚Mutluyum' (Ich bin glücklich), sagte sie: ‚Ich bin Mutlu'…"

18 Im Norden des Iraks leben hauptsächlich Kurden. Die Ölfelder in der Umgebung von Mosul und Kirkuk sind seit Ende des Ersten Weltkriegs immer wieder Auslöser für Streitereien und Kämpfe zwischen der Türkei, dem Irak und den (nach Unabhängigkeit strebenden) Kurden zu beiden Seiten der Grenze.

and LPF (the rightwing populist party Lijst Pim Fortuyn) had fallen over internal struggles in the LPF in October 2002, five months after the elections. In the months preceding the new elections of January 2003 both VVD and CDA struggled for the votes of disillusioned LPF followers, each trying to appear as right-winged as their party's programs would permit them.

16 £100,000 = app. $ 161,760 (22-01-03).

17 Confused Turks watching Azra on TV: 'Instead of "Mutluyum" ("I am happy") she said: "I am Mutlu"…'

18 Northern Iraq is mainly inhabited by Kurds. The oilfields around the cities of Mosul and Kirkuk have been subject to struggle between Turkey, Iraq and Kurds on either side of the border (who want to found an independent state) since the end of World War I.

Bei *Crystals* handelt es sich um eine Serie von 12 Kurzfilmen, die Kristallisationsprozesse zeigen, den Moment also, in dem Flüssiges zu Festem wird. Ein Tropfen einer Flüssigkeit wird auf einen Objektträger gegeben, der zuvor erwärmt wurde, so dass die Probe nach einiger Zeit einzutrocknen beginnt. Während das Wasser langsam verdunstet, bleibt eine weiße Ablagerung auf dem Glas zurück: Kristalle. Ähnlich kleinen Felsen oder Gebirgen verfügt jede Kristallansammlung über eine einmalige Form. Durch einen unter dem Glasträger angebrachten Polarisationsfilter wird das Licht reflektiert, so dass Reliefstrukturen sichtbar werden. Die schwarzen Bereiche im Bild sind noch flüssig, während die farbigen sich gerade verfestigen, aufeinandertreffen und sich in freie Bereiche ausdehnen.

Der Film zeigt verschiedene Stoffe bzw. Lösungen, beispielsweise Kunstdünger, Weinsäure, Kobaltchlorid, Ammoniumchlorid oder Vitamin C. Diese wurden mit einem Leica Orthoplan-Mikroskop und einer Arriflex 16ST-Filmkamera mit Vierfach-Okular und Planobjektiven aufgenommen. Die Kamera war auf ein Sachler Studio 2-Stativ mit 150-mm-Ronford-Baker-Schwenkkopf montiert. Die verwendeten Objektive erlaubten eine einfache bis 25-fache Vergrößerung, der endgültige Vergrößerungsfaktor (pro Einzelbild auf dem Negativfilm) variiert zwischen 4 und 100. Einige der Filme wurden mit halber Geschwindigkeit gedreht, andere mit doppelter, um einen Zeitraffer- bzw. Zeitlupeneffekt zu erzielen.

Crystals is a series of 12 short films. They show crystallization processes: the moment when liquid becomes solid. A drop of fluid is put on a microscopic slide. The glass has been pre-heated and after some time the preparation starts to dry. Slowly the water retreats, leaving a white residue on the glass: Crystals. Like minuscule rocks or mountain ridges, each set of crystals has a unique shape.
Light reflects through a polarisation-filter that is situated under the slide, revealing reliefs and filling them with colour. Black areas in the image are still fluid, the coloured areas grow solid, meeting each other, searching for space.

The films show different substances, or solutions: plant fertiliser, tartaric acid, chloride of cobalt, chloride of ammonium, vitamin C. They were filmed with a Leica orthoplan microscope and an Arriflex 16ST film camera with 4x ocular and plan-objectives. The camera was put on a Sachler Studio 2 tripod with a 150mm Ronford Baker head. The objectives used have an enlargement factor 1X-25X; the final enlargement factor (per frame on the negative film plane) ranges from 4x-100x. Some of the films were speeded up to a double speed ratio; others were slowed down with a similar ratio.

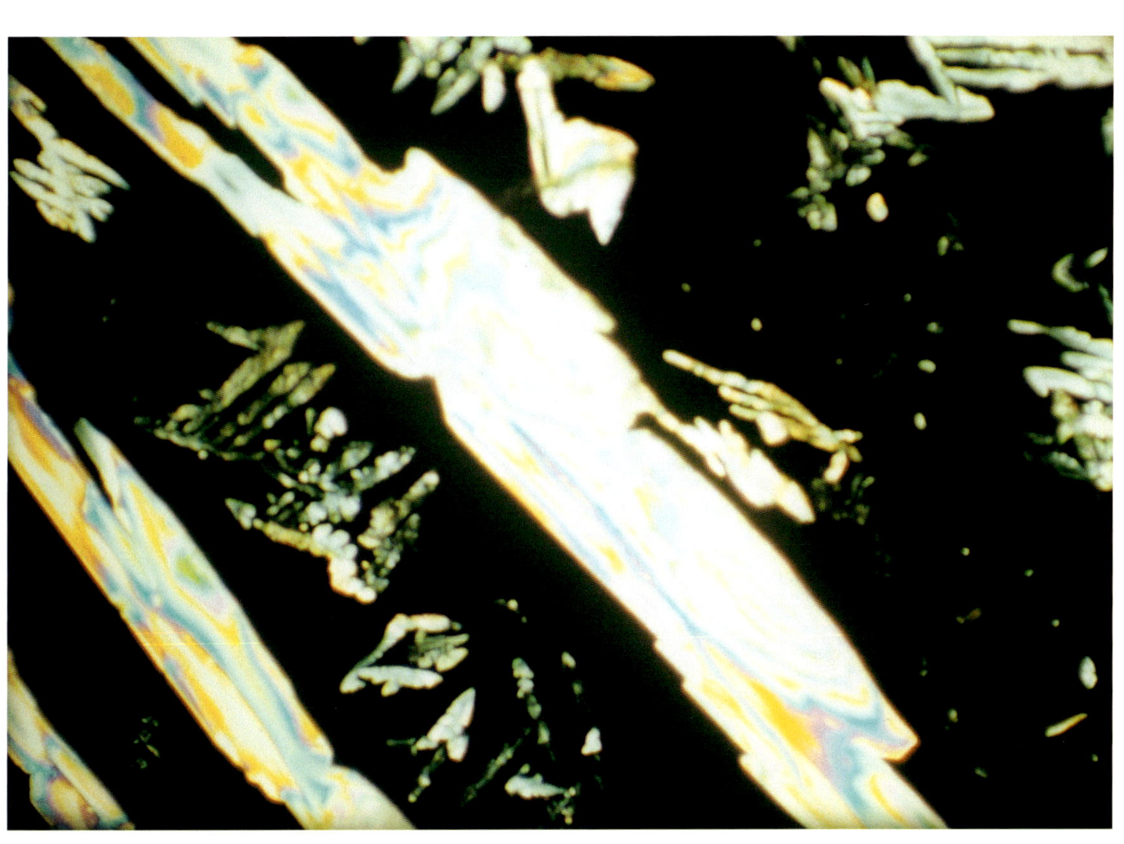

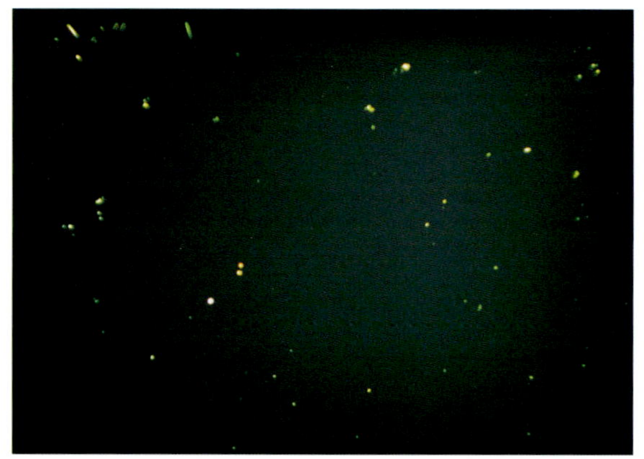

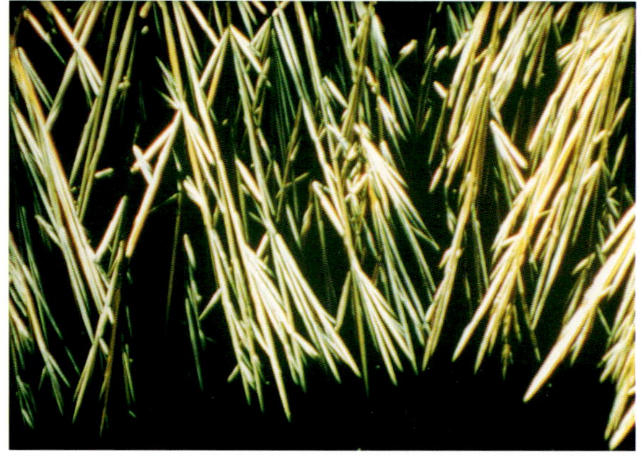

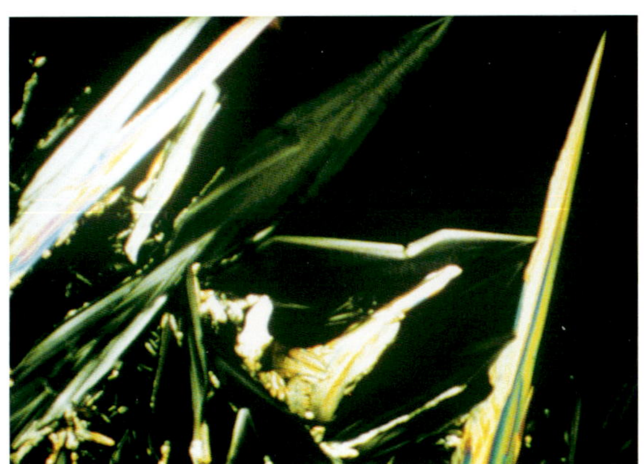

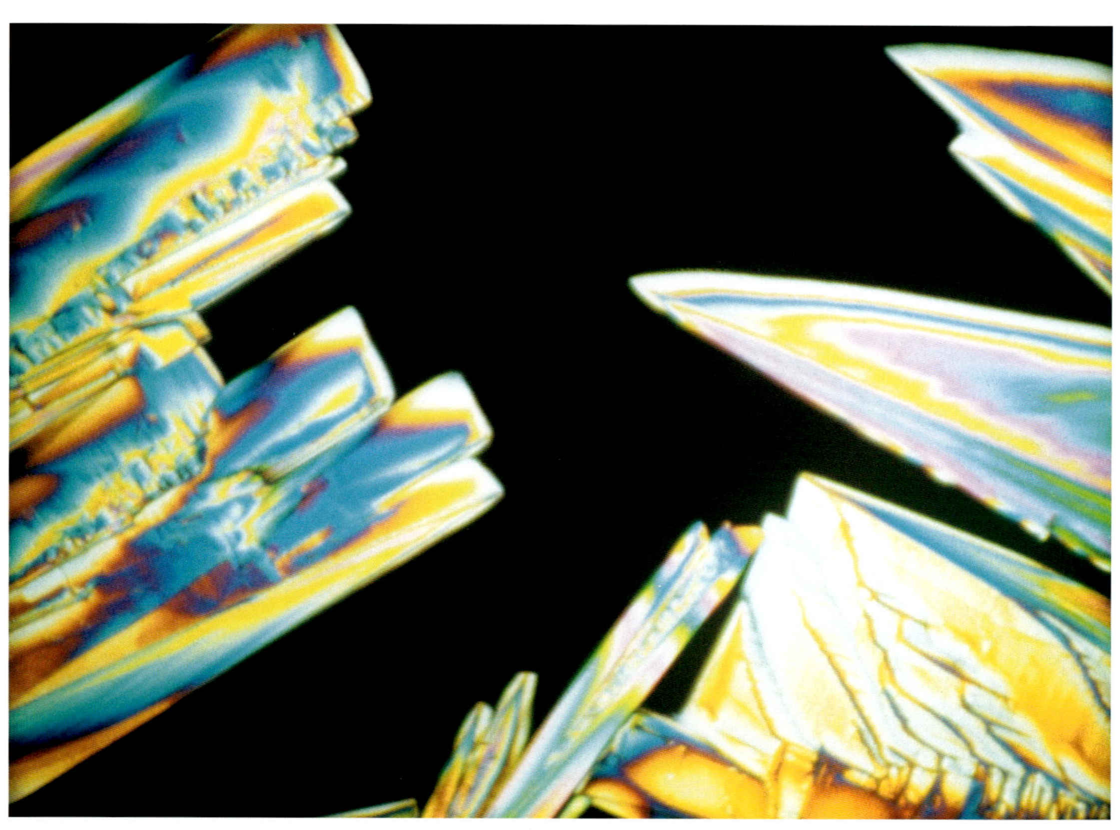

IV

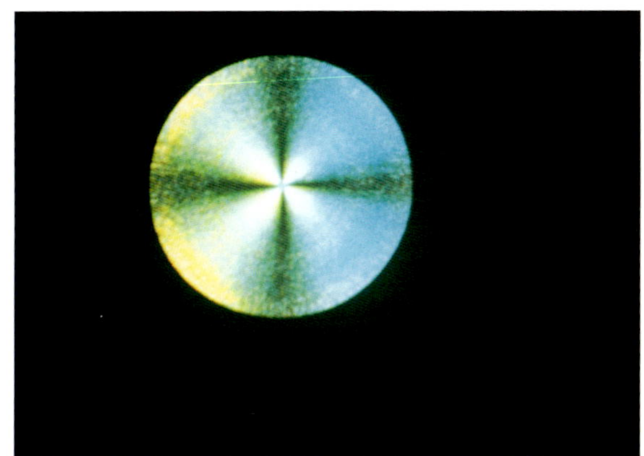

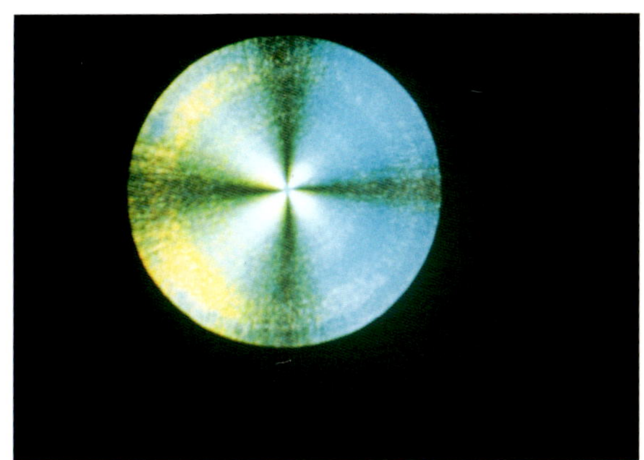

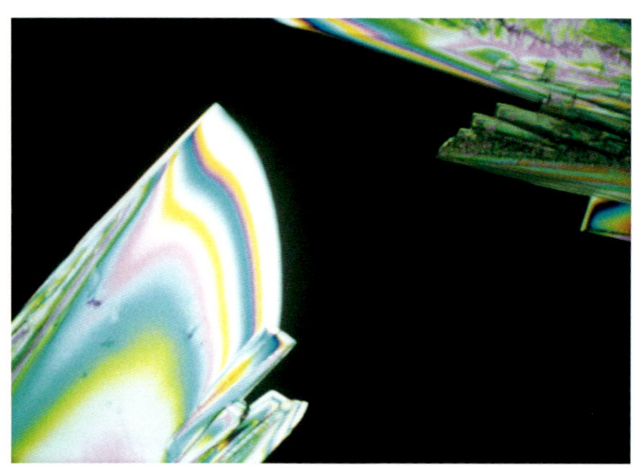

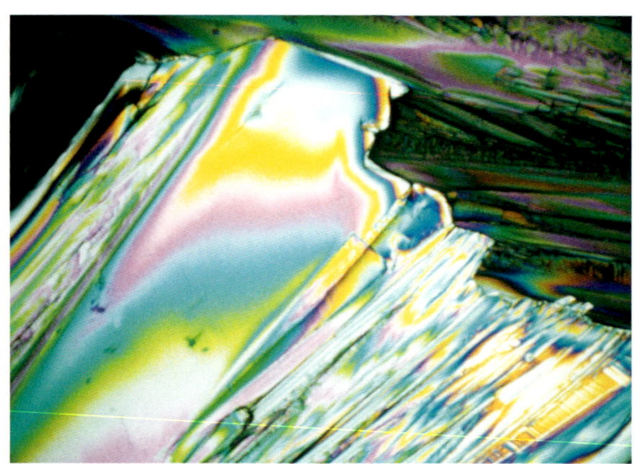

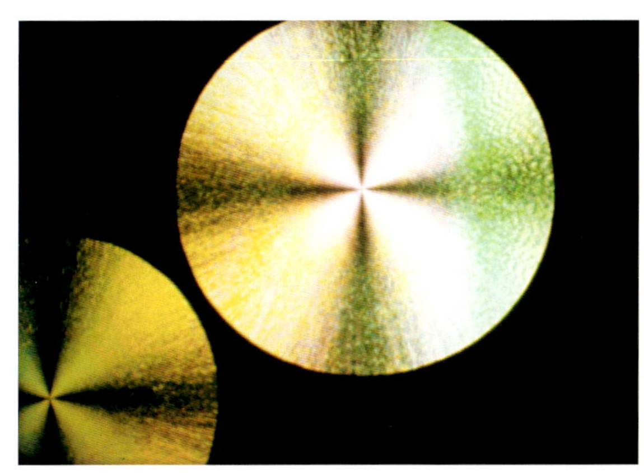

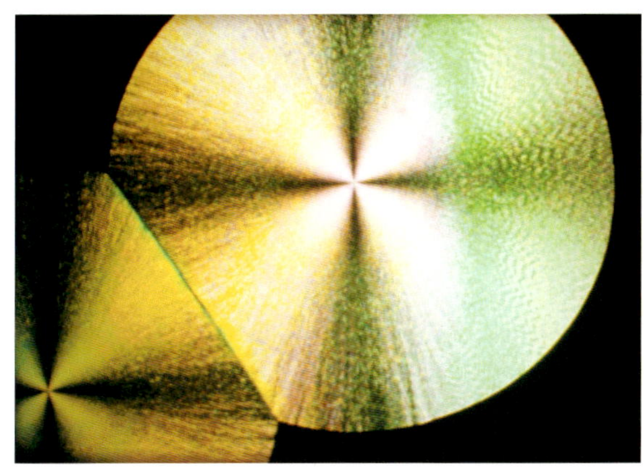

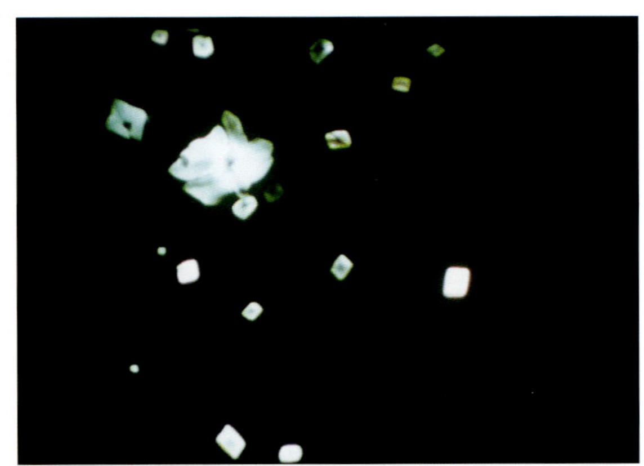

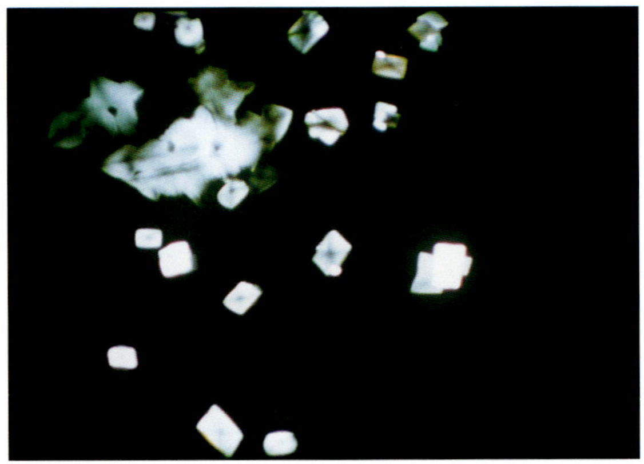

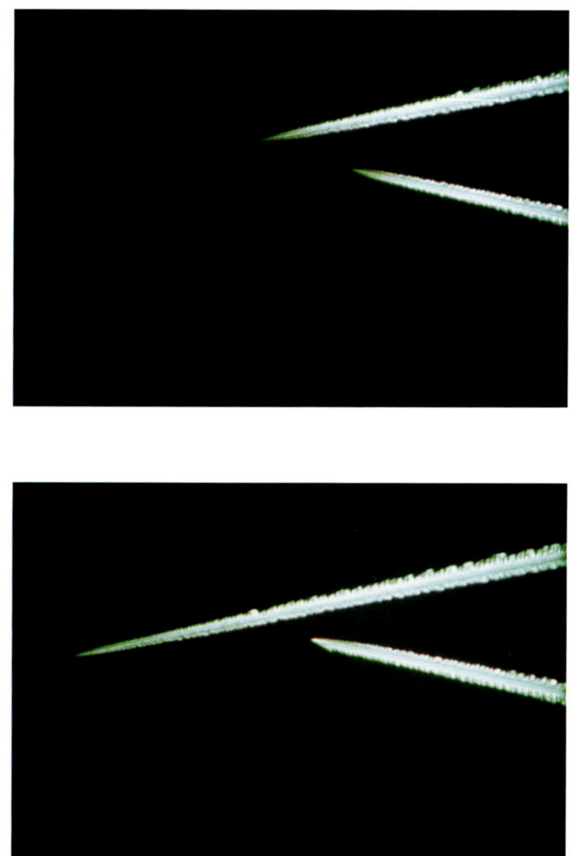

Crystals X–XII,
2003, 5 min., 16mm-Film, Farbe, stumm · 5 min, 16mm colour film, mute

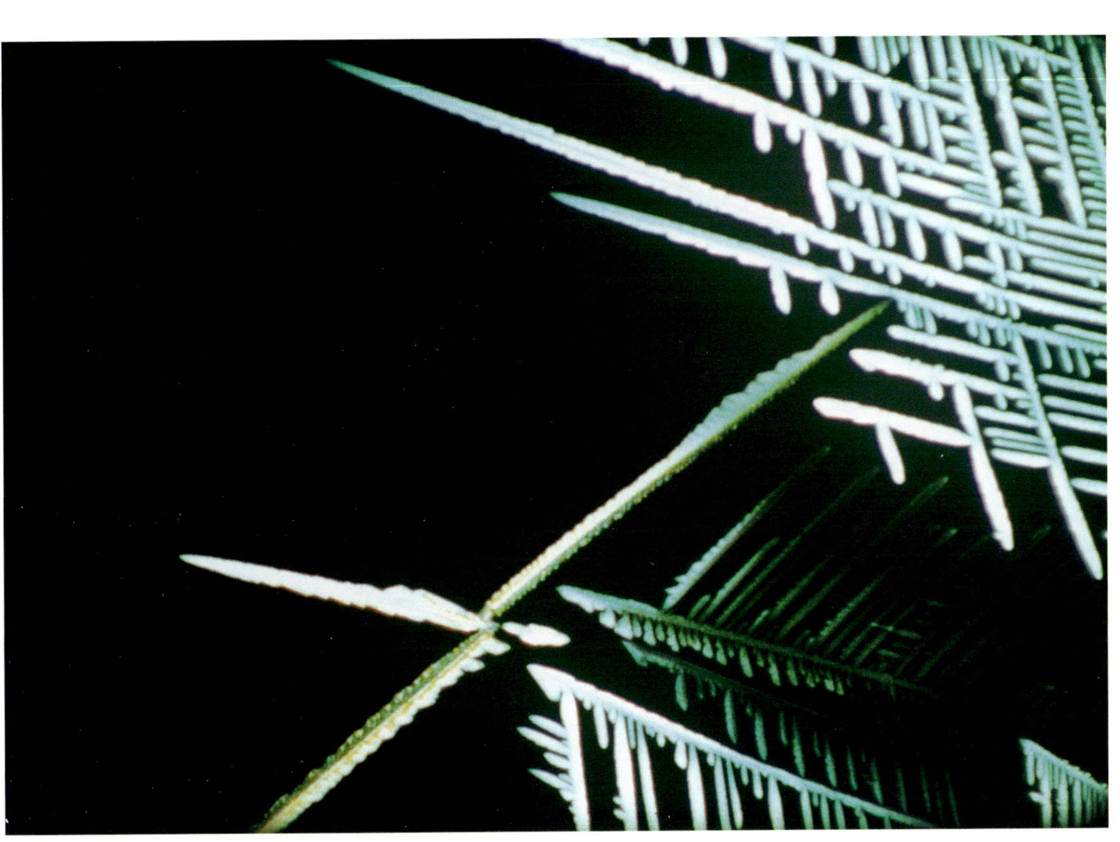

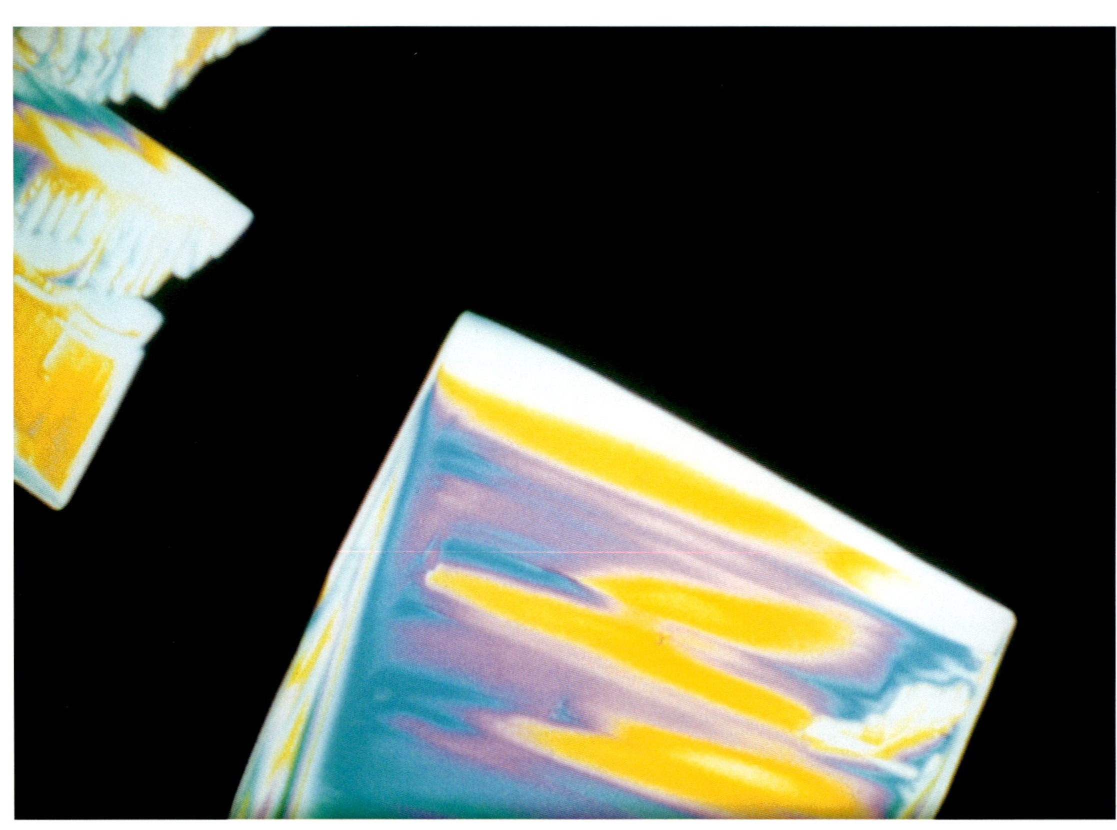

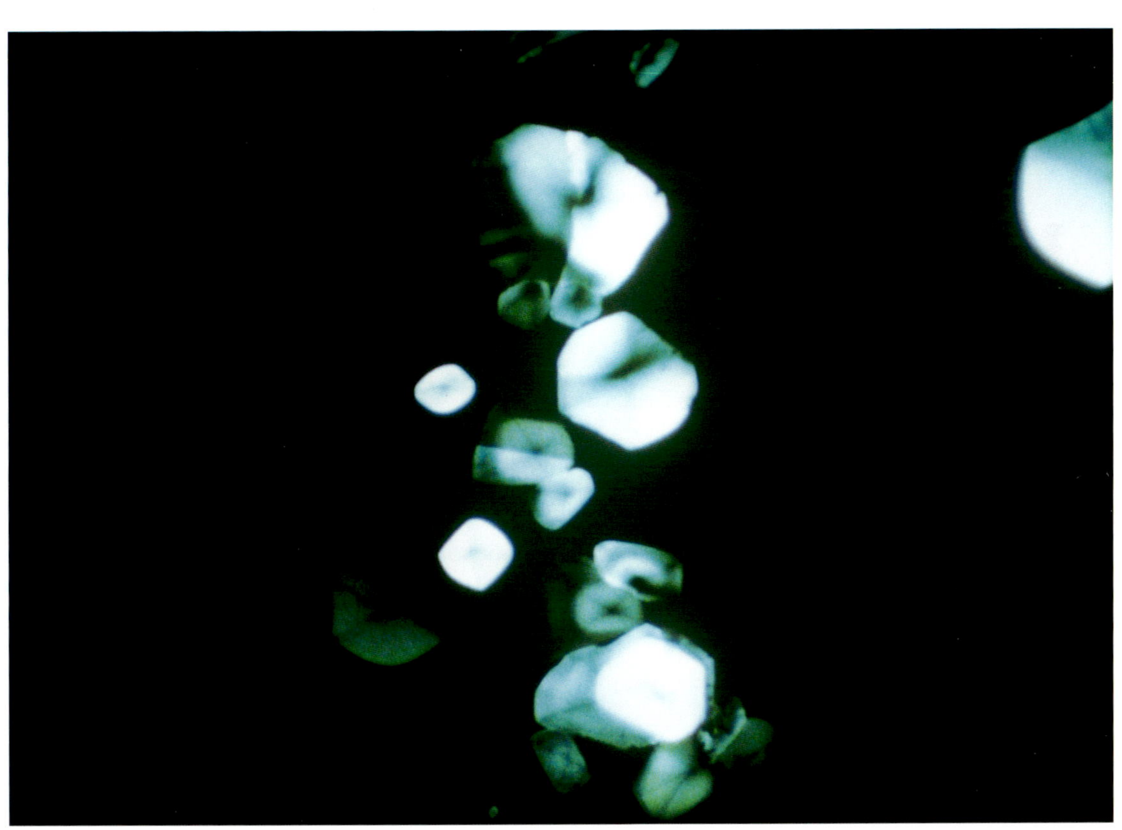

Jan Verwoert

Faszination Struktur

Die Filme *Crystals I–IX* und *Crystals X–XII* (2003) von Jeroen de Rijke und Willem de Rooij zeigen das Wachstum von Kristallen. Das Kristallwachstum ist unter einem Mikroskop vor schwarzem Hintergrund auf 16mm-Film in Farbe und ohne Ton aufgenommen. Der erste Film besteht aus einer Serie von neun, der zweite aus einer Serie von drei Sequenzen. Jede Filmsequenz beginnt mit dem Anfang des Wachstumsprozesses und endet mit dessen Abschluss. Der Prozess dauert meist nur Sekunden.[1] Folgendes ist zu beobachten:
Das Wachstum der Kristalle vollzieht sich auf unterschiedliche Art und Weise. Manche Kristalle bilden sehr schnell komplizierte Strukturen aus. Von einer Sekunde zur nächsten entwickeln sich beinahe sprunghaft aus kleinen gestaltlosen Flecken raffinierte Systeme aus kristallinen Formen. Andere Kristalle dagegen nehmen sich mehr Zeit zum Wachsen. Ihre Formentwicklung ist ein fließender Prozess. Mit dem stetigen Tempo einer verlaufenden Flüssigkeit dehnen sie sich aus. Obwohl sich ihre Entstehung im Fluss zu vollziehen scheint, wirken die Formen, die sich nach Abschluss ihres Wachstums herausgebildet haben, nicht notwendig fließend. Im Gegenteil, gerade sie nehmen oft eckige Formen an. Auch die Beschreibung der Farben der Kristalle macht Mühe. Manche sind beinahe farblos. Manche haben eine einzige Grundfarbe. Andere dagegen schillern in allen Regenbogenfarben. Überraschend ist auch die Bewegungsrichtung des Wachstums. Manche Kristalle entwickeln sich kreisförmig aus ihrem Zentrum heraus. Bei anderen geht die Entwicklung von ihren Rändern aus. Sie kragen aus oder verästeln sich auf unvorhersehbare Weise. Es gibt Kristalle, die sich flächig ausdehnen. Und es gibt Kristalle, die in Linienform wachsen. Manche dieser Linien sind dünn und gerade. Andere Linien wiederum weisen an ihren Rändern gezackte Strukturen auf wie Nadeln an Tannenzweigen. Manche Kristalle besitzen Binnenstrukturen. Manche bilden Strukturen nur im Kontakt mit anderen Kristallen aus, in dem Moment zum Beispiel, wo sich mehrere Linienformen zu einem Raster überkreuzen. Was passiert, wenn zwei Kristalle im Zuge ihrer Expansion aufeinander treffen, ist ebenfalls kaum vorhersehbar. Wie beeinflusst die Form des einen Kristalls die des anderen? Überlagern sich beide Formen? Verschmelzen sie? Oder bleiben die Außengrenzen intakt, selbst wenn sich die Konturen im Moment der Berührung verformen? Es scheint ebenfalls schwer, im Voraus zu bestimmen, wie viele verschiedene Kristalle überhaupt in einem gegebenen Umfeld entstehen werden. Ein einzelner? Oder eine ganze Kolonie? Diese Beobachtungen und Fragen verdeutlichen, warum Kristallwachstum ein so faszinierender Vorgang ist: Er bringt den Prozess der Morphogenese unmittelbar zur Anschauung. Man erlebt die Entstehung von Formen.
Die Filme *Crystals I–IX* und *Crystals X–XII* (2003)) von Jeroen de Rijke und Willem de Rooij zeigen Morphogenese als Akt. Die Filmaufnahme passt genau den Augenblick ab, in dem der Akt der Formentwicklung eines Kristalls stattzufinden beginnt. Der abrupte Beginn der einzelnen Sequenzen vermittelt einen Eindruck von der Anspannung des Kameratechnikers über dem Mikroskop. Nach langem Warten auf den unvorhersehbaren Moment des Anfangs geht es nun um Sekunden. Wenn die Aufnahme nicht sofort gestartet wird, geht das Ereignis verloren. „Jetzt! Schalt an! Es geht los!" Jede der kurzen Sequenzen ist der Höhepunkt und Endpunkt einer Entwicklung, in der etwas sichtbar wird, was vorher nicht zu sehen war. Auf einer mikrophysikalischen Ebene jagt also gewissermaßen ein Höhepunkt den nächsten. Innerhalb von Sekunden baut sich ein Spannungsbogen auf: Gespannt erwartet man den Höhepunkt des Kristallwachstums. Einen Moment später löst sich diese Spannung bereits wieder. Das Wachstum ist abgeschlossen. Der Kristall hat seine endgültige Form angenommen. Jede kurze Sequenz der *Crystals*-Filme beinhaltet somit in verdichteter Form eine komplette filmische Spannungsdramaturgie. Durch die serielle Wiederholung dieser Dramaturgie von Sequenz zu Sequenz verändert sich jedoch die Wahrnehmung der Filmbilder: Die angespannte Konzentration auf den kurzen Moment der Formentwicklung löst sich angesichts der Wiederkehr ähnlicher Prozesse in eine entspanntere Wahrnehmungshaltung auf. An die Stelle einer punktuell zugespitzten Aufmerksamkeit tritt ein Zustand des Driftens, des visuellen Flows

und faszinierten Schauens. Die Konzentration bleibt. Sie verändert jedoch ihre Form. Die verständnisorientierte wird zu einer erfahrungsoffenen Wahrnehmung. Das Verstehenwollen weicht einem Geschehenlassen. Auf diese Weise stellt sich die Wahrnehmung zudem auf die zeitlichen Dimension des Kristallwachstums ein: Diese Zeit ist nicht rational berechenbar. Das Wachstum *dauert* einfach seine Zeit. Dieser unrhythmisierten Dauer passt sich der Blick an, indem er in ein reines Schauen übergeht. Die *Crystals*-Filme bewirken also sowohl durch ihren seriellen Aufbau als auch durch ihr Eingehen auf die besondere zeitliche Dauer des Kristallwachstums eine Verschiebung in der Aufmerksamkeits-Ökonomie der Betrachter. Auf diese Weise werfen die Filme die Frage auf, wie wir sehen, wenn wir Filme ansehen. In welchem Verhältnis steht der Aufmerksamkeitsmodus der verstandesgeleiteten Beobachtung zu dem der faszinierten Anschauung?

In der Kunst- und Kulturgeschichte gibt es widersprüchliche Antworten auf diese Frage. Common Sense ist die Auffassung, dass der Wechsel von einer analytischen zu einer faszinierten Form der Betrachtung einer *Regression* von einem wissenschaftlich rationalen Denken zu einem mythischen Irrationalismus gleichkommt: Die kritische Distanz gegenüber dem Gegenstand der Betrachtung aufzugeben, bedeutet in diesem Sinne, die Kontrolle über diesen zu verlieren und der Macht des Faszinosums zu verfallen. Zu dieser Auffassung gibt es jedoch eine interessante Alternative: die Idee, dass sich ein wirklich grundlegendes Wissen über das Wesen der Rationalität allein im Medium der ästhetischen Form manifestiert. Die Vorstellung, dass das *Prinzip Rationalität* in Gestalt von *elementaren Strukturen* zum Gegenstand *direkter Anschauung* werden könnte. Diese Vorstellung hebt den Gegensatz zwischen Rationalität und Faszination (als Zustand der Irrationalität) auf. Die Faszination der Rationalität selbst findet ihren Ausdruck in der Faszination von Strukturen. Für die Inszenierung dieses Faszinationsmomentes gibt es ein weites Spektrum an kulturellen Ausdrucksformen: In der bildenden Kunst liefern hier sämtliche Formen geometrischer Abstraktion nahe liegende Beispiele: Renaissance-Modelle des perspektivischen Raums etwa oder die modernistischen Strukturvisionen des Suprematismus, des Konstruktivismus und der Minimal Art (die zu Beginn auch unter dem Begriff „Primary Structures" gehandelt wurde). In der Architektur finden sich zahllose Entsprechungen in sichtbar gemachten rationalen Strukturprinzipien – vom antiken Tempel über die Grundrisse des mittelalterlichen Doms bis hin zum Rationalismus des Bauhauses und des Internationalen Stils. In Bezug auf die aktuelle Physik denkt man spontan an die Visualisierung elementarer Strukturen in Fraktalbildern, wenn nicht (und hier schließt sich der Kreis zu den *Crystals* von de Rijke / de Rooij) an Mikroskopaufnahmen von Kristall-Strukturen.

Besonders deutlich wird das Charakteristische der Faszination für Strukturen aber im Bereich esoterischer Spekulation. Hier zeigt sich, wie sehr die Suche nach Elementarstrukturen (als Motivation für Kunst, Architektur und Wissenschaft) Ausdruck eines Grundbedürfnisses nach der Auffindung von Gesetzen im Reich des Zufalls ist. Der Biologe Rupert Sheldrake zum Beispiel geht von der Existenz „morphogenetischer Felder" aus, die als unsichtbare Kraft die Gestaltentwicklung aller Erscheinungsformen der Natur bestimmen, von der menschlichen Gestalt bis hin zur mikrobiologischen Zellstruktur.[2] Mit der Vorstellung einer Existenz dieser „morphogenetischen Felder" verbindet sich dabei die Idee eines universellen Informationsspeichers. Die elementaren Felder beeinflussen nicht nur die Evolution aller Formen, sie zeichnen sie auch auf. Sie sind nicht nur die Grammatik allen Lebens, sondern zugleich auch eine Art Weltgedächtnis. Generell lässt sich feststellen, dass der Vorstoß der modernen Naturwissenschaft in den Bereich unsichtbarer Naturkräfte (Röntgenstrahlen, Radiowellen etc.) fortwährend Anlass zur Entwicklung vergleichbarer Theorien über kosmische Erinnerungsspeicher gibt: Helena Blavatsky, die Gründerin der Theosophischen Gesellschaft, lokalisierte beispielsweise Ende des 19. Jahrhunderts die Strukturen dieses Weltgedächtnisses, der „Akasha-Chronik", in der vierten Dimension des „Raum-Äthers".[3] Mitte des 20. Jahrhunderts definierte Timothy Leary das Projekt seiner psychedelischen Wissenschaft als den

Versuch, unter Einfluss von LSD das evolutionäre Gedächtnis der DNA des eigenen Körpers lesen zu lernen.[4] In Bezug auf die Morphogenese von Kristallen sind wiederum die aktuellen Theorien des Biophysikers Masaru Emoto interessant.[5] Er erforscht in Laborversuchen die Abhängigkeit der Wasserkristallbildung von Umwelteinflüssen. Emoto experimentiert dabei vor allem mit immateriellen Phänomenen: Er setzt Wasser vor oder während der Kristallbildung der Wirkung von unterschiedlicher Musik, Wörtern mit verschiedenem emotionalem Gehalt (von Beschimpfungen bis Danksagungen) und Gebeten aus, um daraufhin die Form der Kristallbildung auf wiederkehrende Muster hin zu untersuchen. Erwartungsgemäß reflektiert die Struktur der Kristalle den Gehalt der Musik, Begriffe und Gebete („negative" Gedanken führen zu Formauflösung, „positive" zu „harmonischer" Formung der Kristalle). Auf diese Ergebnisse aufbauend vertritt Emoto die These, dass Wasserkristalle Informationen und Emotionen speichern. Der Wasserkristall wird zum universellen Biochip.

Diese Form esoterischen Denkens ist jedoch von Grund auf *konservativ*. Der feste Glaube an die Existenz unveränderlicher Primärstrukturen ist Ausdruck des Bedürfnisses nach sicheren Garantien für die Möglichkeit eines absoluten Wissens: Nichts soll verloren gehen oder vergebens sein. Das universelle Gedächtnis der morphogenetischen Felder, DNA-Helix oder Kristall-Biochips speichert, erhält und *konserviert* alles, um es immer wieder verfügbar zu machen. Das esoterische Bedürfnis nach der Erkenntnis absoluter Strukturen zeugt von dem Wunsch, die Angst vor der Macht des Zufalls durch das Wissen um ewige Gesetze auszuhebeln. Die Esoterik unterscheidet sich somit allein dadurch von der Wissenschaft, dass sie nicht nur hypothetisch, sondern emphatisch die Gesetzmäßigkeit der Natur postuliert.[6] Vor diesem Hintergrund wird nun aber auch der Unterschied zwischen dem wissenschaftlichen oder esoterischen Interesse an der Auffindung von Strukturen und der ästhetischen Faszination einer sinnlichen Anschauung von Strukturen deutlich, die de Rijke / de Rooij in ihren *Crystals*-Filmen zur Geltung bringen. Ihre Filme setzen den Wunsch nach einem Einblick in die Ordnung des Kristallwachstums in ein ambivalentes Verhältnis zur reinen Schaulust. Sie belassen es bewusst in der Schwebe, ob diese Filme auf die Produktion von Wissen oder von Genuss (oder von beidem) abzielen: Insofern die Filme eine konzentrierte Beobachtung des Kristallwachstums herausfordern, suggerieren sie, dass eine Erkenntnis von Strukturen möglich sein könnte. Insofern sie zugleich aber auch die ästhetische Erfahrung des reinen visuellen Flusses herstellen, suspendieren sie die Grundlage struktureller Erkenntnis. Die Filme unterbinden gezielt die Möglichkeit einer eindeutigen Haltung gegenüber dem dargestellten Phänomen des Kristallwachstums. Die Entscheidung zwischen Wissenwollen und Fließenlassen kann nicht eindeutig gefällt werden. Diese Ambivalenz macht klar: Im Gegensatz zu den Interessen von Wissenschaft und Esoterik geht es in der ästhetischen Erfahrung der *Crystals*-Filme nicht um die Garantie von Kontrolle. Es geht nicht darum, das Gefühl der Ohnmacht gegenüber der – vielleicht nicht nur scheinbaren, sondern wirklich grundlegenden – *Zufälligkeit* der Kristall-Morphogenese auszuschließen, sondern, im Gegenteil, im Moment der Faszination zuzulassen. Im Wissen um die Schönheit der Kristalle erlaubt die Faszination die lustvolle Anerkennung der Zufälligkeit von Strukturen.

1   Die Abspielgeschwindigkeit der Filmsequenzen ist der unregelmäßigen Wachstumsgeschwindigkeit der Kristalle angepasst: Manche zeigen den Prozess in Echtzeit, andere wiederum im Zeitraffer oder in Zeitlupe.

2   Siehe hierzu Marlies und Klaus Holitzka, *Der kosmische Wissensspeicher*, Darmstadt 2002, S.109 ff.

3   Siehe hierzu ebd., S. 175.

4   Siehe hierzu Timothy Leary, "The Molecular Revolution", ders: *The Politics of Ecstasy*, New York 1968.

5   Masaru Emoto, *Wasserkristalle – Was das Wasser zu sagen hat*, Burgrain 2003.

6   Adorno kritisiert in diesem Sinne esoterische Lehren prägnant als „Komplement zur Verdinglichung" der Welt durch die technokratisch-kapitalistische Gesellschaft. Er schreibt: „Die gleiche rationalistische und empiristische Apparatur, die den Geistern den Garaus gemacht hat, wird angedreht, um sie denen wieder aufzudrängen, die der eigenen ratio nicht mehr trauen (...). Denn die Okkulten sind praktische Leute." Theodor W. Adorno, „Thesen gegen den Okkultismus" (Aphorismus 151), *Minima Moralia*, Frankfurt/Main 1951, S.327.

Jan Verwoert

The Fascination of Structure

The films *Crystals I–IX* and *Crystals X–XII* (2003) by Jeroen de Rijke and Willem de Rooij capture crystals in the act of growing. They follow the growth of crystals under a microscope against a black background on 16mm film in colour with no sound track. The first film consists of nine, the second of three sequences. Each sequence in the two series begins with the beginning of the growth process and ends with its completion. The process usually lasts only a few seconds.[1] The following observations can be made.

Crystals grow in different ways. Some crystals form complicated structures at great speed. From one second to the next, elaborate systems of crystalline shapes almost come leaping out of small inchoate spots. Other crystals take their time to grow. The development of their shape is a fluent process. They spread with the steady tempo of a liquid spill. Although they seem to emerge in a process of flow, the forms that result when the growth process is finished are not necessarily flowing. On the contrary, they are often angular. It is also hard to describe the colours of crystals. Some are almost colourless, some have one basic colour, others sparkle with all the colours of the rainbow. The direction of growth is also surprising. Sometimes crystals grow in circles rippling out of a centre. Others start growing at the edges. They protrude or branch off unpredictably. There are crystals that spread out horizontally. Others grow in the shape of lines. Some of these lines are thin and straight but others show jagged structures along the edges like the needles on the branches of pine trees. Some crystals possess inner structures. Some acquire structure only through contact with other crystals, for instance, when several linear shapes intersect and form a grid. It is also almost impossible to predict what will happen when two crystals meet in the process of expansion. How does the shape of one crystal influence another? Do the two shapes overlap? Do they melt into each other? Or do their exteriors remain intact even if their contours change shape at the moment of contact? It is evidently equally hard to predict how many different crystals will emerge in a given context. Only one? Or a whole colony? Such observations and questions demonstrate why crystal growth is so fascinating: it perfectly illustrates the process of morphogenesis. We experience the emergence of forms.

The films *Crystals I–IX* and *Crystals X–XII* (2003) by de Rijke / de Rooij capture morphogenesis as an act. The camera waits for the exact moment when the act of a crystal acquiring form begins to take place. The abrupt beginning of each of the sequences literally communicates the tension of the camera technician hovering above the microscope in anticipation. An indeterminate wait for an unpredictable beginning culminates in an act that takes just seconds. If the camera does not instantly start rolling, the event is lost. 'Now! Turn it on! It's starting!' Each of the short sequences is the climax and conclusion of a development in which something becomes visible that was not visible before. On a microphysical level you might say that the climaxes follow hard on each other's heels. Within seconds there is a surge of tension: with great excitement, one awaits the climax of the crystal's growth. Barely seconds later, the suspense gives way; growth is complete. The crystal has acquired its final shape. Each short sequence in the *Crystals* films thus represents a condensed version of a full-length thriller. But the serial repetition of this drama, sequence after sequence, changes our perception of the film images. In view of recurring, similar processes, tense concentration on capturing the brief moment of creation yields to a more relaxed mode of perception. Instead of highly focused attention, a state of drifting, of visual flow and fascinated watching kicks in. The concentration remains, but its form has changed. Rationally oriented perception gives way to perception that is open and responsive to experience; wanting to understand gives way to letting things happen. Gradually our perception adjusts to the temporal dimension of crystal growth: crystalline time eludes rational calculation. It simply lasts. Active watching adjusts to this unrhythmical duration by mutating into pure looking. Not only the serial structure of the *Crystals* films, but also their identification with the idiosyncratic duration of crystal growth alters the viewers' economy of attention. The films thus raise the question of *how* our vision operates when we watch films. What is the relationship between focused attention on semantically oriented observation and fascinated watching?

The history of art and culture has produced contradictory answers to this question. Common sense is of the opinion that the transition from an analytical to a fascinated form of viewing is tantamount to *regression* from rational scientific thinking to mythical irrationality. Relinquishing critical detachment from the object of observation means losing control of it and succumbing to the power of its allure. There is an interesting alternative to this approach: the notion that truly fundamental knowledge of the essence of rationalism is manifested exclusively in the medium of aesthetic form or, in other words, that the *principle of rationalism* can become an object of *direct appearance* in the shape of *elementary structures*. This approach cancels out the opposition between rationalism and fascination (as a state of irrationality). The fascination with rationalism itself is expressed in a fascination with structures, to which end there is a wide spectrum of cultural means. In the fine arts, all kinds of geometric abstraction might be cited: Renaissance models of perspectival space, for example, or modern visions of structures proposed by suprematism, constructivism, and Minimal Art (initially known as 'primary structures'). Visible rational principles of structure in architecture are another prolific source of illustration—from the antique temple and the ground plans of medieval cathedrals to the rationalism of the Bauhaus and the International Style. In contemporary physics one is reminded of the visualization of elementary structures in fractal images and—to return to the *Crystals* of de Rijke / de Rooij—of microscopic shots of crystal structures.

Fascination with structure plays an especially salient role in the realm of esoteric speculation. There it becomes apparent how much accident is involved in the quest for elementary structures—which motivates art, architecture, and the sciences—as an expression of the human need to discover and define basic laws. Biologist Rupert Sheldrake, for example, posits 'morphogenetic fields' as an invisible force that underlies the formative causation of all natural appearances, from human beings to the microbiological structure of cells.[2] Positing the existence of morphogenetic fields leads to the idea of a universal storehouse of memory. These elementary fields not only influence the evolution of all forms, they also record it. Not only are they the grammar of all life, but also a kind of world memory. Generally speaking, it seems that modern scientific advances in the field of invisible natural forces (x-rays, radio frequencies, etc.) tend to inspire the development of comparable theories on cosmic storehouses of memory. At the end of the 19th century, Helena Blavatsky, founder of the Theosophical Society, situated the structures of this world memory, the Akasha Chronicle, in the fourth dimension of the 'ether.'[3] In the middle of the 20th century, Timothy Leary defined his psychedelic research project as the attempt to learn how to read the evolutionary memory of his own DNA under the influence of LSD.[4] More recently, biophysicist Masaru Emoto's theories cast an interesting light on the morphogenesis of crystals.[5] In laboratory experiments he investigates the influence of the environment on the formation of water crystals. His experiments are devoted primarily to immaterial phenomena: before or during the formation of crystals, he subjects water to different kinds of music, to words with various emotional connotations (from anger to gratitude) and to prayer. He then examines the resulting crystals for possible recurring patterns. As anticipated, the structure of the crystals reflects the content of music, words and prayers: negative thoughts lead to a dissolution of form, positive ones to harmoniously shaped crystals. Based on these findings, Emoto advances the thesis that water crystals store information and emotions. The water crystal becomes a universal biochip.

This form of esoteric thinking is, however, fundamentally *conservative*. Firm belief in the existence of immutable primary structures reflects the need for unequivocal proof of potentially absolute knowledge: nothing must ever be lost or in vain. Everything is stored and *preserved* in the universal memory of morphogenetic fields, of the DNA helix, or of crystal biochips, so that it can always and repeatedly be accessed. The esoteric need for the certainty of absolute structures testifies to the desire to possess eternal laws in order to overcome the fear of puissant fortuity. It follows that the only difference between esoteric studies and the sciences lies in the former's not merely hypothetical but emphatic postulation of laws that govern nature.[6] It is no wonder then that a scientific or esoteric interest in discovering structures is clearly distinct from the aesthetic fascination with a sensual approach to structures, as manifested in de Rijke / de Rooij's *Crystals* films. Their films show an ambivalent relationship between the desire for insight into the order of crystal growth and pure, unabashed curiosity. They intentionally leave us in the dark as to whether the films target the production of knowledge or of pleasure (or of both). Inasmuch as the films excite concentrated observation of crystal growth, they suggest that a knowledge of structures might be possible. However, inasmuch as they also generate the aesthetic experience of pure visual flow, they suspend the foundations of such structural knowledge. The films deliberately subvert the possibility of a clear-cut attitude toward the represented phenomenon of crystal growth. It is impossible to make an unequivocal decision between wanting knowledge and going with the flow. This ambivalence makes one thing clear: in contrast to the interests of science and esotericism, the aesthetic experience of the *Crystals* films does not seek the assurance of control. Instead of trying to banish the helplessness provoked by the—not just presumably but possibly truly fundamental—*fortuity* of crystal morphogenesis, they welcome the workings of fascination. Awareness of crystalline beauty allows fascination the pleasurable acknowledgement of fortuitous structures.

1   The playback speed of the film sequences is adjusted to the variable speed of crystal growth: some sequences show the process in real time while others are accelerated or slowed down.
2   See Marlies and Klaus Holitzka, *Der kosmische Wissensspeicher*, Darmstadt: Schirner Verlag, 2002; pp.109 ff.
3   Ibid., p. 175.
4   See Timothy Leary, 'The Molecular Revolution', in: Timothy Leary, *The Politics of Ecstasy*, New York: GP Putnam's Sons, 1968.
5   Masaru Emoto, *The Message from Water*, Tokyo: Hado Kyoiku Sha, 1999.
6   In his critique of esoteric teachings, Adorno remarks that '[t]he same rationalistic and empiricist apparatus that threw the spirits out is being used to reimpose them on those who no longer trust their own reason. ... For the occultists are practical folk.' In: Theodor Adorno, *Minima Moralia: Reflections from a Damaged Life*, transl. by E.F. Jephcott, London: Verso Edition, 1978, p. 243.

Sven Lütticken

Abstraktionen

Räume für abstrakte Kunst
Jeroen de Rijke und Willem de Rooij projizieren ihre Filme zu festgelegten Zeiten in Räumen mit gedämpftem Licht, das die weißen Wände noch deutlich erkennen lässt. Aus dem Raum werden „überflüssige" Gegenstände wie Beleuchtungskörper so weit wie möglich entfernt. Einfache Bänke und (manchmal) weiße Behälter, die den Projektor beherbergen, fungieren als skulpturale Elemente. Ein kürzlich erschienener Katalog präsentiert hauptsächlich Schwarzweiß-Fotografien von diesen Räumen, ohne Menschen und ohne Filmprojektion.[1] De Rijke / de Rooij schätzen diese Räume und betrachten sie als integralen Bestandteil ihrer Arbeit. Viele andere Künstler haben versucht, dem Galerieraum zu „entkommen", um ihre Arbeit ins „wirkliche Leben" zu überführen (und zuweilen dieses sogar zu verändern). Doch wenn sie als Künstler erkennbar bleiben wollten, war es letztlich unmöglich, sich vollends vom Galerie- oder Museumsraum abzukoppeln. Robert Smithson stellt dazu fest: „Ganz gleich wie weit man sich entfernt, man wird immer wieder auf den Ausgangspunkt zurückgeworfen..."[2] Smithson entwickelte diese Einsicht in seinem Prinzip von *Site* und *Nonsite*. Der „white cube" der Galerie ist ein *Nonsite*, in dem sich ein *Site* (wie beispielsweise ein Steinbruch) manifestiert. Der white cube kann dabei als Mutter aller *Nonsites* gelten: ein unwirklicher, abstrakter Raum, der alles in Kunst verwandelt. Smithsons *Nonsite Works* bestanden meist aus Steinen in geometrischen Einfassungen als „dreidimensionale Landkarten", die er manchmal mit Fotos kombinierte. Trotzdem stand Smithson der Fotografie durchaus ambivalent gegenüber: „Fotos sind eine extreme Verkürzung, weil sie alles auf ein Rechteck reduzieren und zusammenschrumpfen lassen."[3] Eine weniger einengende Alternative bot sich im Film. *Spiral Jetty* (1970) existiert sowohl als Konstruktion an einem *Site* in Utah wie in Smithsons gleichnamigem Film, einem kinematografischen *Nonsite* zur Präsentation des spiralförmigen Damms in Kunstinstitutionen (und natürlich auf zahlreichen Fotos).
Im Modernismus war der white cube die Domäne der abstrakten Maler und Bildhauer. Ihre Werke waren keine Darstellungen von etwas anderem mehr, sondern reflektierten (zumindest in der vorherrschenden Interpretation) die Wesensmerkmale des je eigenen Mediums. Doch auch schon vor der abstrakten Kunst im allgemein üblichen Wortsinn haben Kritiker wie Julius Meier-Graefe den Terminus „abstrakte Kunst" verwendet, um damit auf die Tatsache hinzuweisen, dass das moderne Kunstwerk nicht mehr auf einen stabilen Kontext zurückgreifen konnte, sondern als Ware für einen abstrakten Markt produziert wurde.[4] „Abstrakte Kunst" im üblichen (stilistischen) Wortsinn lässt sich interpretieren als eine komplexe Reaktion auf diesen Sachverhalt, die den abstrakten Charakter moderner Kunst zugleich in Abrede stellte und verschärfte. Sie verweigerte sich der Herstellung entzifferbarer und leicht konsumierbarer Bilder wie jener, mit denen die Kulturindustrie ihre Waren vermenschlicht. Abstrakte Kunst ist in gewisser Weise die entblößte Ware. Viele abstrakte Künstler suchten jedoch nach „universellen" Zeichen, nach einer Sprache der reinen Formen, die jeder mit etwas ästhetischem Gespür verstehen kann. Als klar wurde, dass sich diese romantischen Hoffnungen nicht erfüllten, konzentrierte sich die abstrakte Kunst in den 50er und 60er Jahren des 20. Jahrhunderts stärker auf formale Fragen. Einen Bruch in dieser Entwicklung gab es, als Ende der 60er / Anfang der 70er Jahre – auf dem Höhepunkt von Smithsons Schaffen – Fotografie, Film und Video zu festen Bestandteilen der bildenden Kunst wurden. Hatte der betont medienspezifische Umgang mit Malerei und Bildhauerei zur formalen Abstraktion geführt, so bewirkte die explosionsartige Zunahme fotografischer Medien eine Wiederbelebung der Gegenständlichkeit.[5]
Nichtsdestoweniger blieb die Kunst abstrakt insofern, als das Kunstwerk eine – von ihren konkreten Ursprüngen abstrahierte – Ware ist, und der white cube blieb der Ausstellungsraum für diese hochspezifischen, selbstkritischen Waren. Diesen Sachverhalt greifen de Rijke / de Rooij auf, anstatt sich einfach die Rückkehr zur Gegenständlichkeit zunutze zu machen. Vielmehr erforschen sie das kritische Potenzial früher, inzwischen verleugneter modernistischer Formen der Abstraktion in der neuen Kultur fotografischer und filmischer *Nonsites*.

Selbst die Präsentationsform ihrer Arbeit bezeugt diesen Ansatz. Die Fülle an Film- und Videoprojektionen in der zeitgenössischen Kunst hat dazu geführt, dass aus dem white cube eine Blackbox geworden ist. Doch die Filminstallationen von de Rijke / de Rooij machen deutlich, dass diese Blackbox keinesfalls jenen fundamentalen Bruch bedeutet, der ihr oft zugeschrieben wird. Sie ist eine bloße Modifikation. Auch wenn de Rijke / de Rooij in die Raumsituation, in der ihre Filme projiziert werden, eingreifen und sie einer minimalistischen Behandlung unterwerfen, kann man diesen Ansatz nicht als ortsspezifisch bezeichnen. Schon eher begreifen sie den white cube als Medium der Dekontextualisierung und Abstraktion. De Rijke / de Rooij exponieren das kalte, abstrakte Herz der zeitgenössischen Kunst, das allzu oft durch ansprechende Bilder, Anekdoten oder pseudo-expressionistisches Pathos kaschiert wird.

Kinematografische Nonsites

Einige Filme von de Rijke / de Rooij bestehen aus 10-minütigen statischen Aufnahmen. Mehr als ihre übrigen Werke scheinen sie dem Trend zu folgen, mit wiedererkennbaren dokumentarischen Bildern beim Betrachter eine starke Wirkung zu erzielen. *Of Three Men* (1998) zeigt eine zur Moschee umgebaute Kirche, bei der sich die Assoziation an Kircheninterieurs aus dem 17. Jahrhundert von Saenredam und anderen Malern geradezu aufdrängt. Zu Beginn ist das Bild schwarz; dann wird deutlich, dass der Blick der Kamera verstellt war durch Männer in schwarzen Mänteln. Als sie zur Seite treten, wird die Aufmerksamkeit des Betrachters auf die wechselnden Effekte des durch die Fenster einfallenden Lichts gelenkt. *Bantar Gebang* (2000) zeigt eine Hüttensiedlung auf einer riesigen Müllhalde bei Djakarta. Der Film beginnt noch in der Dunkelheit, doch innerhalb von zehn Minuten wird es Tag, mit erstaunlicher Geschwindigkeit also. In der Bildmitte befindet sich die von Mauern gesäumte Hüttensiedlung. Sie ist durchzogen von einigen Straßen, auf denen ab und zu Menschen zu sehen sind. Außerdem flattern ein paar Tauben herum, und streitende Hähne stolzieren auf und ab. Das ist aber auch schon mehr oder weniger alles, was *Bantar Gebang* an „Handlung" zu bieten hat. Der Zuschauer hat reichlich Zeit, sich auf Struktur und Details des Bildes einzulassen und das wechselnde Licht zu beobachten. Die leicht verträumte Atmosphäre vom Beginn löst sich bei Tagesanbruch auf.

Bantar Gebang gehört zu jenen Werken, die dokumentarische Formen nicht bloß übernehmen, sondern auch manipulieren und umgestalten.[6] Zwar arbeiten de Rijke / de Rooij mit Farbfilm und Ton; trotzdem wirken ihre unbewegte Kamera und die ungeschnittenen Aufnahmen wie eine Rückkehr zu den Kindertagen des Films, als die Gebrüder Lumière ihre mehr oder weniger unbewegte Kamera auf ein Fabriktor (durch das Arbeiter gingen) oder auf einen Bahnsteig (mit einem einfahrenden Zug) richteten. In den 60er Jahren des 20. Jahrhunderts galten die Gebrüder Lumière als frühe „Dokumentaristen" und als Vorläufer des *Cinéma Vérité*, das der Traumfabrik Hollywoods eine realistische Filmpraxis entgegensetzte. Dagegen steht neuerdings das Argument, die Gebrüder Lumière seien keineswegs Dokumentarfilmer gewesen. Vielmehr hätten sie mit den ihnen zur Verfügung stehenden Mitteln einfache Kinogeschichten erzählt und erfunden sowie Situationen in Szene gesetzt.[7] Bei der Betrachtung von *Of Three Men* und *Bantar Gebang* sollte man sich diesen Revisionismus vergegenwärtigen. *Of Three Men* ist ein sorgfältig inszenierter und fotografierter Film. Das wechselnde Licht mag wie ein meteorologischer Zufall wirken, ist aber weitgehend künstlich. *Bantar Gebang*, diese an Robert Smithson erinnernde Reflexion auf die klassische Landschaftsmalerei, ist gewissermaßen obzön schön – ein Claude Lorrain-Gemälde von einer schäbigen Szenerie. Auch andere Werke von de Rijke / de Rooij zeichnen sich durch einen gewissen Ästhetizismus aus. Ein früher Film mit dem Titel *Chun Tian* (1994) zeigt ein chinesisches Paar in einem botanischen Garten – eine sorgfältig inszenierte orientalische Fantasie, aber mit irritierenden Elementen wie den zeitlich verschobenen Untertiteln. *Chun Tian* und andere Filme aus der Mitte der 90er Jahre wie beispielsweise

Forever and Ever (1995) wirken wie Übungen in *Neo-Nouvelle Vague*. Es handelt sich nicht um kontinuierliche Aufnahmen, wie in *Of Three Men* und *Bantar Gebang*, sondern um eine Montage im godardschen Sinne, die die konventionelle Erzählstruktur durchbricht.

In seinen Schriften über das Kino hat Deleuze bekanntlich das „Bewegungs-Bild" des klassischen Kinos dem „Zeit-Bild" des Nachkriegs-Kinos (Neorealismus, *Nouvelle Vague*) entgegengesetzt. Es stellt die Zeit nicht mehr indirekt wie im klassischen Hollywood-Film durch die Handlungen der Personen dar, sondern direkt – und daraus ergaben sich dann die langen Kamerafahrten, Schwenks sowie die Auflösung der traditionellen Erzähltechnik. Das Kino wurde nun weniger von den Gesetzen der Physik (Aktion) als von jenen des Geistes (Zeit im Sinne von Bergsons Dauer) beherrscht. An die Stelle der traditionellen diachronen Montage (der linearen Kombination verschiedener Aufnahmen) trat teilweise das, was man synchrone Montage nennen könnte: die simultane Montage von Elementen innerhalb eines einzigen Bildes, beispielsweise durch den Einsatz der Tiefenschärfe.[8] Jeroen de Rijke und Willem de Rooij sind Meister solch synchroner Montagen: ihre Bilder sind alles andere als homogen. So ist das Gebäude in *Of Three Men* beispielsweise als (ehemalige) moderne Kirche zu erkennen, der Innenraum wurde jedoch zum Interieur einer Moschee umgestaltet. *Bantar Gebang* zeigt eine Kombination aus Wohnsiedlung und Müllhalde, eine nach europäischem Standard inakzeptable „Verknüpfung". Ursprünglich haben de Rijke / de Rooij nach einem Ort gesucht, an dem eine Hüttensiedlung (im Vordergrund) und gehobene Apartment-Häuser (im Hintergrund) in ein und demselben Bild zu sehen sind. Sie dachten dabei an ähnliche rhetorische Bilder aus Fotoreportagen über die Armut in der Dritten Welt. Ein solches Bild haben sie schließlich auch für die Werbung zu *Bantar Gebang* eingesetzt, es dann aber nicht im Film selbst verwendet. Dennoch wirft dieser Hintergrund ein Licht auf die Art der Montage, mit der sie ihre Bilder gestalten. Eine andere Form der Montage wird wirksam, wenn de Rijke / de Rooij diese Bilder in einem Ausstellungsraum platzieren: Der gefilmte *Site* (der auf diese Weise zu einem filmischen *Nonsite* wird) wird im Nonsite der Galerie präsentiert.

Wie auch andere zeitgenössische Film- und Videokünstler machen de Rijke / de Rooij eine eher statische Art von Film (was ihre Arbeit mit vielen Filmen von Andy Warhol aus den 1960er Jahren verbindet, die in letzter Zeit wieder vermehrt Interesse hervorrufen). Dabei ist nicht immer klar, ob dies zu einem befreienden deleuzeschen Zeit-Bild führt. Manchmal scheinen die selbst auferlegten Grenzen auch zu einem mehr oder weniger stumpfsinnigen Primitivismus zu führen.[9] Doch de Rijkes / de Rooijs klug angelegte Bildschichtungen zeigen, dass Bilder, die einfach aussehen, durchaus komplex sein können, dass Bilder, die statisch erscheinen, trotzdem den Geist in Schwingung versetzen können und dass das Fiktive sich überall einschleicht. Die maximale Dauer einer Filmaufnahme ist im Gegensatz zu Aufnahmen mit Videokameras oder Webcams auf zehn Minuten begrenzt. Vor diesem Hintergrund bekommt die Dauer von zehn Minuten bei *Of Three Men* und *Bantar Gebang* einen anachronistischen Charakter. In seinem Film *Cocktail für eine Leiche* (1948) hat Hitchcock die sich aus der maximalen Filmlänge von 10 Minuten ergebenden Schnitte dadurch kaschiert, dass er die Kamera über dunkle Flächen wie beispielsweise eine schwarze Jacke fahren ließ. In *Of Three Men* wenden de Rijke / de Rooij eine ähnliche Strategie an, allerdings aus einem ganz anderen Grund. Zu Beginn des Films ist die Leinwand schwarz, und es stellt sich heraus, dass Menschen den Blick der Kamera behindern. Erst wenn sie schließlich weggehen, sehen wir den Raum. Den Künstlern geht es hier nicht darum, einen Schnitt zu kaschieren (es gibt ja keinen), sondern Unklarheit und Zweifel darüber hervorzurufen, ob der Film schon angefangen hat und ob er überhaupt jemals „wirklich" anfängt. Was Hitchcock einsetzte, um die Illusion eines natürlichen Bildflusses zu erzeugen, wenden de Rijke / de Rooij an, um die Hinterhältigkeit des Kunstgriffs vorzuführen.

Ikonoklasmus / Ikonophilie

Die rhetorische Authentizität zeitgenössischer Film- und Fotoproduktion nutzt den indexhaften Charakter des Bildes, um es natürlich erscheinen zu lassen. Insofern erweist es sich als Erbe des romantischen Versuchs, nach dem Zusammenbruch der ikonografischen und formalen Konventionen der akademischen Kunst den künstlerischen Prozess dem natürlichen anzugleichen. Sowohl romantische als auch moderne Kunsttheorien bedienten sich zur Beschreibung von Kunstwerken oft organischer, vorzugsweise vegetabiler Metaphern: das Kunstwerk als Pflanze oder Frucht. In diesem Zusammenhang wurde auch der Kristall als Metapher populär. Von der deutschen Frühromantik bis zu Künstlern und Architekten der Moderne wie Paul Klee und Bruno Taut stand der Kristall für eine formgebende Kraft in der Natur und übernahm diese Funktion nun auch als Modell für die Kunst.[10] Im Kristall zeigte sich die formale Intelligenz der Natur selbst unterhalb der organischen Ebene. Zugleich passte die Ordnung und Reinheit von Kristallen hervorragend zur primitivistischen Tendenz in der modernen Kunst. Friedrich Schlegel verglich gotische Kathedralen mit gigantischen Kristallformen, und in den Bildern von Caspar David Friedrich werden wir Zeugen eines Wandels der Malerei zu kristalliner Schlichtheit – beispielsweise bei den vereinfacht dargestellten gotischen Kathedralen und Abteien in vielen seiner Bilder.[11] Einerseits war der Kristall also ein formales Naturprinzip, das zur Reform der Kunst nach dem Zusammenbruch alter ikonografischer ebenso wie formaler Konventionen diente. Zugleich zeichnete er sich aber durch radikale Strenge aus; darin glich er den Konstruktionen menschlicher Technologie. Während man also auf diese Weise die Kunst der Natur anzugleichen versuchte, wirkte die Natur im Kristall selbst bereits industrialisiert und künstlich. Vor diesem Hintergrund ist wohl auch *Crystals* zu sehen, eine neue Serie von 16mm-Kurzfilmen von de Rijke / de Rooij von 2003, die mikroskopische Einblicke in kristalline Entwicklungsstadien geben. Aus einer größeren Anzahl von Filmaufnahmen wurden diejenigen aussortiert, auf denen die Kristalle zu viel Ähnlichkeit mit Pflanzen aufwiesen. Die übrig gebliebenen Filme zeigen strenger strukturierte Kristalle in Spektralfarben (die durch einen speziellen Filter bei den Dreharbeiten sichtbar werden). Das Ergebnis ist ein extrem unwirkliches, Science Fiction-haftes, psychedelisches Erscheinungsbild.

Im Zusammenhang mit dem Zeit-Bild spricht Deleuze auch vom Kristall-Bild. Der Kristall wächst und lässt in seiner Struktur die eigene Entwicklung erkennen. In diesem Sinne kann man ihn als Sinnbild nehmen für die Art, wie bestimmte Regisseure aus der Zeit-Bild-Phase mit übereinander geschichteten Bildern arbeiten – mit „Zeit-Kristallen".[12] *Crystals* scheint dieses deleuzesche Konzept geradezu zu illustrieren, doch die Filme zeigen auch, wie die Kristall-Zeit nach abgeschlossener Entwicklung stehen bleibt. Sobald die Kristalle einen Großteil des Bildes ausfüllen, wird ihr Wachstum gestoppt, eingefroren. Zwar ist ihre Vergangenheit noch immer im Bild präsent, aber ihre Gegenwart ist (nahezu) erstarrt. Wenn das Zeit-Bild nicht mehr von menschlichen Handlungen und Geschichten beherrscht wird, verflüchtigt sich die Zeit; sie erstarrt (der in *Crystals* sichtbare Kristallisationsprozess verläuft parallel zur Verflüchtigung der Flüssigkeit auf dem Objektträger). Der Konflikt in der romantischen bzw. modernistischen Vorstellung vom Kristall wiederholt sich hier: Der aktive Prozess der Kristallisation führt zu einem starren Ergebnis. Caspar David Friedrichs Bild *Das Eismeer (Die gescheiterte Hoffnung)* von 1823–25 zeigt ein im arktischen Eis gekentertes Schiffswrack; den Seeleuten auf diesem allegorischen Gefährt ist ein kaltes, kristallines Ende widerfahren. De Rijkes / de Rooijs Film *I'm Coming Home in Forty Days* (1997) zeigt treibende Eisberge, er verbreitet ein Gefühl von eingefrorener Ästhetik, aber im Gegensatz zu Friedrichs Bild gibt es einen Zeit-Fluss, denn die Eisberge treiben vorbei. Zwar handelt es sich um gefrorene Kristalle, aber sie sind in Bewegung und korrespondieren mit der Kamera, sie schaffen ihre eigene Eisberg-Zeit.[13]

Nach dem überwiegend naturalistischen Zugriff durch Künstler wie Klee oder Arp versuchten spätere Modernisten, sich von der figürlichen Auffassung des Kristalls bzw. der Pflanze als Modell zu lösen. Durch die „deduktive Struktur" von Werken wie Barnett Newmans großen, von „zips" durchzogenen Leinwänden (die ihrerseits auf die Seitenränder der Leinwand Bezug nahmen) ergab sich aus dem Werk selbst ein strenges, kristallines Konstruktionsprinzip, wenngleich der „optische" Raum solcher Malerei immer noch als latent gegenständlich gelten kann. Indirekt beziehen sich de Rijke / de Rooij in einer Serie von Schwarzweißfotos aus jüngster Zeit auf solche Kunst. Sie zeigen Orientteppiche in Originalgröße. Nicht nur die Größe macht sie vergleichbar mit der Malerei der New York School, in den meisten Fällen haben auch die Hauptelemente der Komposition einen „deduktiven" Bezug zu den Kanten des Teppichs. Allerdings sind die Teppiche komplexer und nicht so großflächig wie die Malerei der New York School, weil sie mehr Details und Abweichungen vom Deduktionsprinzip beinhalten. Bilder von Newman oder Rothko arbeiten noch mit der Räumlichkeit der romantischen LandschaftsMalerei. Die Teppiche hingegen sind eher komplex als erhaben, eher vielschichtig als heroisch. Lange nachdem sie nach Europa exportiert wurden (die Teppiche stammen aus der Sammlung des Amsterdamer Rijksmuseums), haben de Rijke / de Rooij sie nun in Form von Fotos in den white cube importiert – schwarzweiß, so dass sie noch weiter von ihrem ursprünglichen Zusammenhang abstrahiert erscheinen. Ein anderer Teppich aus derselben Sammlung wurde zum „Star" in *The Point of Departure*. Ähnlich wie frühere Filme – *Chun Tian* beispielsweise und *Forever and Ever* – besteht auch dieser nicht aus einer einzigen, durchgängigen Aufnahme. Neben der Montage verwendet er Spezialeffekte, um eine andeutungsweise narrative Entwicklung über verschiedene Stationen hinweg zu verfolgen: von scheinbar mikroskopisch gefilmten Wollstückchen in tiefer Dunkelheit über Bilder, die mit fahrender Kamera von der Oberfläche des Teppichs gedreht wurden, bis hin zu Szenen, in denen der Teppich schwebend durch die Dunkelheit rotiert wie der Monolith in *2001: Odyssee im Weltraum*. Das ornamentale Nicht-Bild wird zum Gegenstand eines Films mit fast narrativer Entwicklung. Aber warum, zu welchem Zweck? Wie soll man diese Teppiche betrachten, die von de Rijke / de Rooij importiert und (filmisch wie fotografisch) in Szene gesetzt wurden?

Orient-Teppiche (dieser ist kaukasischer statt persischer Herkunft) sind Produkte einer Kultur mit stark ikonoklastischen Tendenzen, in der man der bildlichen Darstellung mit Skepsis bzw. Abneigung begegnet. Das Taliban-Regime in Afghanistan hat diese Haltung auf die Spitze getrieben. Auf ihren „Künstlerseiten" im Katalog einer Gruppenausstellung aus dem Jahr 2001 zeigten de Rijke / de Rooij denn auch ein Foto von der Zerstörung der riesigen Buddha-Statuen durch die Taliban in Bamiyan, Afghanistan.[14] Während andere Künstler eine beliebige Bildersammlung zeigten, beschränkten sich de Rijke / de Rooij auf dieses eine. Das kleine Format und die sachliche Bildunterschrift machten deutlich, dass es den Künstlern nicht darum ging, den Schockwert dieses Bildes für sich zu nutzen, sondern zum Nachdenken anzuregen über einen solchen Akt von Ikonoklasmus und über den paranoiden Hass auf „Idole", der in starkem Gegensatz zum gegenwärtigen Fasziniertsein des Westens von allem Bildlichen steht. Dabei kann aber der Ikonoklasmus seine eigene Besessenheit von und libidinöse Verstrickung mit Bildern nicht verhehlen. Und es ist auch nicht verwunderlich, dass eine extrem gesteigerte Ikonophilie zum Abscheu gegen die Mehrzahl der Bilder führen kann. Man könnte sagen, de Rijke / de Rooij sind vom Visuellen dermaßen besessen, dass sie die ausufernde Verwendung von Bildern als deren Entweihung in der Alltagskultur begreifen. Denn die daraus entstehende visuelle Betäubung beraubt die Bilder ihrer Kraft. Wenn man de Rijke / de Rooij als Ikonoklasten bezeichnen kann, so deshalb, weil sie Ikonophile sind.[15] Ihnen ist klar, dass der Ikonoklasmus durchaus starke Bilder zeitigen kann, beispielsweise jene von der Zerstörung der Bamyan-Buddhas oder, weiter in der Vergangenheit, die Darstellung protestantisch leerer Räume in den Bildern von Saenredam und anderen niederländischen Künstlern des 17. Jahrhunderts. Die zur Moschee umgewandelte niederländische Kirche in *Of Three Men* scheint diesem Vorbild nachempfunden. Aber selbst Werke wie Barnett Newmans Gemälde, die nicht mehr Bilder sein sollen, sondern Farbfelder, welche den Betrachter gewissermaßen umfangen – auch sie werden Bilder, wenn sie in der Galerie hängen und man sie zusammen mit anderen Kunstwerken oder den davor stehenden Betrachtern sieht.

Mit ihren farbenprächtigen Filmen von Kristallisationsprozessen und mit den Fotos und Filmen von Orientteppichen regen de Rijke / de Rooij eine Auseinandersetzung mit verschiedenen Formen von Ikonoklasmus an. In Film und Fotografie erscheinen „abstrakte" Formen in der postkonzeptuellen Kunst als vermittelte *Nonsites*. Das verhältnismäßig spektakuläre und verführerische Aussehen der Kristalle und die Darstellung der Teppiche als fotografische Schwarzweiß-„Spuren" laden dazu ein, die Wertigkeit und Funktion dieser Bilder zu hinterfragen. Sind die historischen Versuche, der modernen Kunst die Gegenständlichkeit auszutreiben, für uns heute bedeutungslos geworden? Sind sie historisch so abseitig wie die Teppiche? Doch die Teppiche scheinen sich jetzt ja in neuem – vielleicht verzerrendem – Licht durch die neueren Formen des islamischen Ikonoklasmus selbst zu erklären. In der modernen Kunst diente der „Ikonoklasmus" dazu, die Fraglosigkeit des Bildermachens auszuhebeln. Moderne Kunst bestand nicht mehr in der Herstellung von Bildern, sondern in der Hinterfragung von Bildern und Darstellungen sowie des Tafelbildes, das in der Kulturindustrie zur glatten Industrie-Ware geworden war. Das Wiedererstarken der erkennbaren Bildsprache hat zu einer Welle von virtuoser Gegenständlichkeit geführt, die sich mehr oder (oft) weniger erfolgreich der Vereinnahmung durch die visuelle Spektakel-Kultur von heute entzieht. De Rijke / de Rooij schöpfen mit ihren Bildern von Nicht-Bildern aus dem Potenzial und den Widersprüchen der Moderne und machen damit deutlich, dass die Aufgabe der Kunst nicht in der bloßen Produktion von Bildern besteht, sondern vielmehr in der Schaffung von Problemen, die dann möglicherweise die Form von Bildern annehmen.

Bedeutung in der (mehr oder weniger, aber nicht ausschließlich) bildenden Kunst
Die berühmte Geschichte von Panofskys irritierter Reaktion auf das Werk von Barnett Newman demonstriert die Hilflosigkeit des „humanistischen" Kunsthistorikers gegenüber einer Arbeit, deren grandioser Titel nicht zu ihrem Erscheinungsbild zu passen schien.[16] Zwar richtete sich seine Kritik darauf, dass in einer *ARTnews*-Überschrift der Titel *Vir Heroicus Sublimis* falsch geschrieben worden war, nämlich *Vir Heroicus Sublimus*. Aber es war doch offensichtlich, dass er einen solchen Titel grundsätzlich unangemessen fand für ein Werk, das für ihn ein bedeutungsloses abstraktes Nichts war. Man kann nur darüber spekulieren, wie Panofsky auf eine konzeptuelle Arbeit wie die von Baldessari auf eine monochrome Fläche gemalten Worte „Pure Beauty" reagiert hätte. Newman suchte eine Alternative zur traditionellen Kunst und deren Integration in die Kulturindustrie, indem er einfache und reine Formen erforschte, die ohne Erzählung oder Anekdote auskommen und die sich dennoch mit tiefer Bedeutung aufladen ließen. Die Konzeptkunst hingegen führte den Reduktionismus der abstrakten Malerei fort, indem sie die Kunst über das Visuelle und Formale hinaus entwickelte. Bei Newman sind die Ergebnisse durchaus problematisch, was aber der Bedeutung der Kunst keinen Abbruch tut – im Gegenteil. Befreit von den Ansprüchen der Modernisten hinsichtlich der eigentlichen Bedeutung formaler Elemente wurde die Form in der Konzeptkunst zu einer pragmatischen Angelegenheit, zu einer Frage des Designs. So spielte die Gestaltung von Texten auf Buchseiten oder Wänden beispielsweise bei Lawrence Weiner eine zunehmend spektakuläre Rolle. Aber auch im Arrangement von Elementen wie Texten, Fotos und Objekten in Installationen manifestierte sich die wachsende Bedeutung des Designs. Dazu passte der Aufstieg von Fotografie, Film und Video, denn die indexhafte Integration von Bildmaterial in die designte Umwelt hatte die Kulturindustrie bereits zur Perfektion getrieben – wie frühe Zeitschriften-Arbeiten von Smithson und Graham ironisch betonen.

Die Konsequenzen für die zeitgenössische Kunst waren weitreichend: Viele Ausstellungen werden heute beherrscht von einer Art Lumpen-Konzeptualismus, bei dem scheinbar bedeutungsvolle Elemente in mehr oder weniger dekorativer Manier arrangiert sind. De Rijkes / de Rooijs jüngste Arbeit *Bouquet II* (2003) stellt eine präzise Untersuchung dieses Zustands dar. Diese Arbeit besteht aus einem echten Blumenstrauß und einem bebilderten Text über die Rolle der Frau in unterschiedlichen Formen des Islam. Wir erfahren darin, dass nach der von der Nigerianerin Agbani Darego gewonnenen Miss World-Wahl 2001 die nächsten Wahlen automatisch in eben diesem, vorwiegend islamistischen Land stattfinden sollten. Zur gleichen Zeit richtete sich die Aufmerksamkeit der internationalen Medien gerade auf den Fall Amina Lawal, die von einem Shari'ah-Gericht in Nigeria zum Tod durch Steinigung verurteilt worden war. Unter diesen Bedingungen wirkten die Miss World-Wahlen, die von den Feministen lange Zeit verdammt wurden, plötzlich geradezu fortschrittlich. Nach der Bemerkung einer Journalistin über Mohammed und die Frauen sorgten Aufstände dafür, dass die Endausscheidung der Miss World-Wahl von Nigeria nach London verlegt wurde. Der Text stellt diese Entwicklung der Geschichte von Ayaan Hirsi Ali gegenüber, einer Niederländerin somalischer Abstammung, deren Kritik am traditionellen Islam in Somalia heftige Kontroversen auslöste. Ende 2002 verließ die inzwischen berühmte Hirsi Ali die sozialdemokratische Partei PvdA und trat der VVD bei, den niederländischen Rechtsliberalen. Inzwischen wurde die amtierende Miss Türkei zur Miss World gekürt, aber Miss Türkei – Azra Akin – war tatsächlich im niederländischen Almelo geboren und aufgewachsen. Den Text illustrieren Farbfotos jener Frauen, und nach den Farben der Fotos wurden wiederum die Blumen ausgesucht (das Foto von Hirsi Ali zeigt Tulpen, die ursprünglich aus der Türkei stammen, inzwischen aber als „holländisch" gelten). In dieser Arbeit kommt es zu einem frappanten Bruch zwischen dem illustrierten, diskursiv-politischen Text und der unverhohlenen Ästhetik des Blumenstraußes, der „den Zustand des Gefallenseins des bloß Visuellen auf sich nimmt", wie Thomas Crow über eine andere Arbeit mit dem Titel *Bouquet* schreibt.[17] Diese frühere Arbeit von 2001 basierte auf den schwarzweißen Teppich-Fotografien, während die Farben des Blumenstraußes in *Bouquet II* von den Farben in einem der Fotos herrühren, die den Text illustrieren. Doch diese Verbindung zwischen den beiden Komponenten der Arbeit ist eher unbedeutend, da die beiden Teile vom Betrachter bzw. Leser eine vollkommen verschiedene Herangehensweise verlangen. Auf diese Weise sprengen de Rijke / de Rooij die Liaison zwischen guten Absichten und ästhetischem Design, die die Widersprüche in der zeitgenössischen Kunst oftmals kaschiert.

Crystals und die Teppich-Arbeiten rücken ihren eigenen problematischen Status als abstrakte Zeichen ganz ausdrücklich in den Vordergrund, aber natürlich gilt dies auf die ein oder andere Weise auch für die meisten anderen Werke von de Rijke / de Rooij. Wie *Crystals* mit seiner Buntheit sind auch *Bantar Gebang* und *Of Three Men* in gewisser Weise zu schön, zu vollkommen. Das augenscheinlich dokumentarische Bild mit seiner politisierten Form der Synchron-Montage ist auf fast schon obszöne Weise ästhetisiert. Muss der Prozess der Abstraktion, selbst bei „dokumentarischen" Bildern, zum Ästhetizismus führen, zu einem rein ästhetischen Konsum von aus dem Zusammenhang gerissenen Artefakten? Ein Film wie *The Point of Departure* scheint vor allem auf die Negation der Kino-Konventionen aus zu sein, nicht so sehr auf deren Transformation, was ihn durchaus seltsam wirken lässt. Das „Retro"-Gefühl, das diesen Film ebenso wie frühere Arbeiten (*Chun Tian, Forever and Ever*) begleitet, suggeriert eine nostalgische Flucht in die goldenen Zeiten des Autorenfilms. Es lässt sich daher nicht leicht sagen, ob – und auf welcher Ebene – diese Arbeiten wirklich gelungen sind. Jedenfalls sind de Rijkes / de Rooijs Arbeiten keine leicht verdaulichen Konsumartikel, selbst nicht solche „künstlerischer" und „kritischer" Art. Immer stimmt irgendetwas nicht mit den abstrakten Bildern, die de Rijke / de Rooij in das puristische Design des white cube importieren. Ihre Arbeit befindet sich in einem permanenten Krisenzustand. Das ist zwar keine Garantie für ihr Gelingen, zumindest aber eine wichtige Voraussetzung dafür.

1 *Jeroen de Rijke & Willem de Rooij: Spaces and Films / Espaces et films 1998–2002*, Ausst.-Kat., Eva Meyer-Hermann (Hrsg.), Van Abbemuseum Eindhoven, Villa Arson, Nizza 2003. Diese Publikation enthält außerdem einen Text über die Räume von de Rijke / de Rooij von Georg Schöllhammer: „Framework, Container, Temple. On the Sculptural Displays for the Film Works of Jeroen de Rijke & Willem de Rooij“, S. 39–51.

2 Robert Smithson, „Fragments of an Interview with P.A. [Patsy] Norvell“ (1969), *The Collected Writings*, Jack Flam (Hrsg.), Berkeley / Los Angeles / London, S. 192.

3 Ebd., S. 193.

4 Zum Begriff „abstrakte Kunst“ bei Meier-Graefe siehe die Einleitung zur *Entwicklungsgeschichte der modernen Kunst*, München 1914 / 1920, Teil 1, S. 9–29. Sie ist identisch mit der Einleitung zur ersten Ausgabe der *Entwicklungsgeschichte* von 1904, wiewohl der übrige Text stark verändert wurde.

5 Siehe dazu Jeff Wall, „Marks of Indifference: Aspects of Photography in, or as, Conceptual Art“, *Reconsidering the Object of Art: 1965–1975*, Ausst.-Kat., Ann Goldstein und Anne Rorimer (Hrsg.), Museum of Contemporary Art, Los Angeles 1995, S. 247–267.

6 Siehe Tom Holerts Aufsatz „Die Erscheinung des Dokumentarischen“, der 2004 in einer Aufsatzsammlung zum Dokumentarischen im Verlag der Buchhandlung Walther König, Köln erscheinen wird.

7 Siehe Thomas Elsaesser, „Louis Lumière. The Cinema’s First Virtualist?“, Thomas Elsaesser und Kay Hoffman (Hrsg.), *Cinema Futures: Cain, Abel or Cable*, Amsterdam 1998, S. 45–61.

8 Gilles Deleuze, *Cinema 2: The Time-Image*, London 1989, S. 42 (Dt. Titel *Das Zeit-Bild. Kino 2*, Frankfurt 1996).

9 Sven Lütticken, „Static Cinema. From Moving Image to Still Image – and Back Again“, *From #4*, Juli 2001, Witte de With, Rotterdam 2001, S. 13–20.

10 Regine Prange, „Das Kristalline“, *Ernste Spiele. Der Geist der Romantik in der deutschen Kunst 1790–1990*, Ausst.-Kat., Haus der Kunst, München (etc.), München 1995, S. 608–615.

11 Friedrich Schlegel, „Briefe auf einer Reise durch die Niederlande, Rheingegenden, die Schweiz und einen Teil von Frankreich (1805)“, *Kritische Friedrich-Schlegel-Ausgabe deel.4: Ansichten und Ideen von der christlichen Kunst*, Hans Eichner (Hrsg.), München / Paderborn / Wien (etc.) 1959, S. 178–179.

12 Deleuze, op. cit. (Anm. 8).

13 Vanessa Joan Müller, „Realistic Abstraction“, *Jeroen de Rijke / Willem de Rooij: After the Hunt*, New York 2000, S. 53–65.

14 Siehe *Casino 2001*, Ausst.-Kat., SMAK, Gent 2001, S. 94–95.

15 Zum Thema Ikonoklasmus und Ikonophilie siehe *Iconoclash. Beyond the Image Wars in Science, Religion, and Art*, Ausst.-Kat., Bruno Latour und Peter Weibel (Hrsg.), ZKM, Karlsruhe, eine wichtige Publikation, die allerdings darunter leidet, dass Bruno Latour den Begriff des Ikonoklasmus verwässert, indem er ihn vom Mittel zum (durchaus zweifelhaften) Gegenstand macht (S. 15).

16 Zur Polemik Panofsky / Newman siehe Barnett Newman, *Ausgewählte Schriften und Interviews*, P. O’Neill (Hrsg.), Berkeley / Los Angeles 1990, S. 216–220.

17 Thomas Crow, „Unwritten Histories of Conceptual Art: Against Visual Culture“, *Modern Art in the Common Culture*, New Haven / London 1996, S. 242. Crow bezieht sich hier auf die Arbeit *Bouquet, for Bas Jan Ader and Christopher D’Arcangelo* von Christopher Williams (1991).

Sven Lütticken

Abstractions

Spaces for Abstract Art

De Rijke / de Rooij project their films, at set times, in spaces with dimmed light but nonetheless clearly visible white walls. As far as possible, the space has been stripped of distracting details. Simple benches and (sometimes) white volumes that conceal the film projector function as sculptural elements. A recent catalogue is illustrated mainly with black-and-white photographs of these spaces, shown in pristine purity, without a film projection.[1] De Rijke / de Rooij, then, clearly value these spaces and see them as an integral part of their work. Many artists have tried to 'escape' from the gallery space in order to let their work dissolve into (and perhaps even transform) 'real life,' but they were ultimately unable to cut loose from this space if they wanted to remain visible as artists. As Robert Smithson observed: 'It seems that no matter how far out you go, you are always thrown back on your point of origin...'[2] Smithson developed this insight in his dialectic of *site* and *nonsite*, the nonsite being a manifestation of a site (such as a quarry) in the 'white cube' of the gallery. This white cube itself can be regarded as the mother of all nonsites: an unreal, abstract space that turns everything into art. Smithson's nonsite works usually consisted of stones in geometrical containers as 'three-dimensional maps,' which he sometimes combined with photographs. Even so, Smithson was somewhat ambivalent about photography: 'Photographs are the most extreme contraction, because they reduce everything to a rectangle and shrink everything down.'[3] A somewhat less contracting and constrictive alternative was film, and *Spiral Jetty* (1970) exists both as a structure on a site in Utah and in Smithson's eponymous film, a cinematic nonsite that represents the site with its spiralling pier in art institutions (and, of course, in countless photographs).

In high modernism, the white cube had been the domain of abstract paintings and sculptures. Such works were no longer representations but instead reflected (as least according to the dominant interpretation) the essential properties of their own media. But even before the advent of abstract art in the usual sense of the term, critics such as Julius Meier-Graefe had used the term 'abstract art' to refer to the fact that the modern work of art was devoid of a stabile context, that it was a commodity produced for an abstract market.[4] 'Abstract art' in the usual (stylistic) sense of the term might be said to be a complex reaction to this state of affairs, and in varying degrees it both disavowed and exacerbated the abstract nature of modern art. It refused to show recognizable and effortlessly consumable images, like those with which the culture industry humanized its commodities; abstract art is in a sense the commodity stripped bare. Yet, seemingly paradoxically, many abstract artists sought to create 'universal' signs, a language of pure forms that could be understood by everyone with an aesthetic sense. When it became clear that these romantic aspirations were doomed to fail, abstract art in the later 1950s and 1960s became more exclusively preoccupied by formal concerns. A break with this state of affairs occurred when, in the years of Smithson's mature work — the late 1960s and early 1970s — photography, film and video became a permanent fixture in the realm of visual art. Whereas the emphasis on the medium-specific use of painting and sculpture led to formal abstraction, the eruption of photographic media led to a resurgence of representation.[5]

Nonetheless art remained abstract, in the sense of the work of art being a commodity that has been abstracted from its concrete origins, and the white cube remained the showroom for these highly specific, self-critical commodities. De Rijke / de Rooij take this into account by, rather than simply exploiting the return of representation, investigating the critical potential of earlier, and by now largely disavowed, modernist forms of abstraction in the new culture of photographic and filmic nonsites. Even the way they present their works is indicative of this approach. The profusion of film and video projection in contemporary art entails the much-discussed transformation of the white cube into a black box, but the film installations of de Rijke / de Rooij emphasize precisely that this black box does not constitute the fundamental break it is often held to be; it is merely a modification. Although de Rijke / de Rooij intervene in the spaces in which their films are projected and subject them to a minimalist sculptural treatment, it would not be correct to say that their approach is site-specific. Rather, they embrace the white cube as a medium of decontextualization and abstraction. De Rijke / de Rooij expose the cold, abstract core of contemporary art.

Cinematic Nonsites

De Rijke / de Rooij have made a number of films that consist of ten minute-long, static takes; more than their other works, these seem to participate in the tendency to offer the viewer recognizable documentary images that invite an emphatic response. *Of Three Men* (1998) shows a church-turned-mosque, and the association with 17th-century church interiors by Saenredam and others is inevitable. In the beginning the image is black; then it appears that the camera's view has been blocked by some men in dark cloaks, and when they move away, the viewer's attention is focused on the changing effects of the light coming through the windows. *Bantar Gebang* (2000) shows a shantytown on a vast rubbish dump near Jakarta. The film begins when it is still half-dark but within ten minutes day has broken, with astonishing speed. At the centre of the picture is the entrance to the walled shantytown; a number of roads intersect here and every now and then people come walking along them. There are also a few doves fluttering about and a couple of combative hens strutting to and fro; this is more or less what *Bantar Gebang* entails in the way of 'action.' The viewer has plenty of time to take in the structure and details of the picture and observe the changing light. The slightly dreamy atmosphere of the beginning is dissipated by the breaking day.

Bantar Gebang belongs to those works that do not merely adopt, but also manipulate and 'reframe' documentary forms.[6] Although they use colour film and sound, de Rijke / de Rooij's use of a fixed viewpoint and uninterrupted takes could be seen as a return to the early days of film, when the Lumière brothers aimed a more or less stationary camera at a factory gate (through which workers were emerging) or a railway platform (where a train was arriving). In the 1960s, the Lumière brothers were regarded as early 'documentary makers,' as the precursors of the 'cinéma vérité' that brought a realistic film practice into play against the Hollywood dream factory. However, it has recently been argued that the Lumières were not documentary filmmakers at all; instead, using the means available to them, they made cinematic fictions, staged situations and told simple stories.[7] It is helpful to keep this revisionism in mind when approaching *Of Three Men* and *Bantar Gebang*. *Of Three Men* is a carefully staged and shot film, and the changing light may look like meteorological accident, but is in fact largely artificial. *Bantar Gebang*, this rather Smithson-like contemporary take on the picturesque, is in a sense too beautiful, like a Claude painting of a squalid sight. There is an aestheticist streak in the works of de Rijke / de Rooij: an earlier film, *Chun Tian* (1994), features a Chinese couple in a botanical garden; a carefully staged Orientalist fantasy, but with unsettling elements like the out-of-sync subtitles. *Chun Tian* and other films from the mid-nineties such as *Forever and Ever* (1995) look like exercises in neo-Nouvelle Vague. They are not continuous shots, as *Of Three Men* and *Bantar Gebang* are, but montage has been employed in a Godardian fashion, disrupting conventional narrative logic.

In his books on cinema, Deleuze famously contrasted the 'movement-image' of classical cinema with the 'time-image' of post-war cinema (neorealism, nouvelle vague) that no longer represents time indirectly, through human actions, as in classical Hollywood film, but directly—hence the use of long shots, roving cameras and the disintegration of traditional narrative. Cinema came to be ruled less by the laws of physics (action) than by those of the mind (time as Bergsonian duration). Traditional diachronic montage (the linear combination of different shots) was partially being supplanted by what one might call synchronic montage: the simultaneous montage of elements within a single image, for instance by the use of deep focus.[8] De Rijke and de Rooij are masters of such synchronic montage: the images they show are very far from being homogenous. The building in *Of Three Men*, for example, is still recognizable as a (former) modern church, but the interior has been revamped to function as a mosque. It is a hybrid. *Bantar Gebang* shows a combination of housing estate and rubbish dump, an unacceptable 'montage' by European standards. Initially de Rijke and de Rooij looked for a spot where a shantytown (in the foreground) and upmarket apartment buildings (in the background) could be combined in one image; they recalled similar rhetorical images from photo reports on Third World poverty. Although they used such an image in advertisements for Bantar Gebang, they did not use it in the film itself. Yet this background does illuminate how they use montage in an image. Another form of montage is introduced when de Rijke and de Rooij place this image in the exhibition space: the filmed site (which is thereby trans-formed into a filmic nonsite) is presented within the white nonsite of the gallery.

Like other contemporary film and video artists (and like many of Warhol's 1960s films, which have met with re-newed interest in recent years) de Rijke / de Rooij make a rather static sort of film. It is not always clear whether this leads to a liberating Deleuzian time-image; sometimes the self-imposed limitations seem to lead to a dull kind of primitivism.[9] Yet de Rijke / de Rooij's layered and cunning images suggest that images that look simple can be complex, that images that appear rather static can still activate the mind, and that fiction creeps in everywhere. In contrast to video and webcams, the maximum length of a continuous shot on film is ten minutes; in this context, the ten-minute length of *Of Three Men* and *Bantar Gebang* takes on an anachronistic quality. In Hitchcock's *The Rope* (1948), the director disguised the cuts that were made necessary by the maximum length of film by letting the camera pass dark spots, such as a black jacket. In the case of *Of Thee Men*, de Rijke / de Rooij employ Hitchcock's trick only to expose the artifice: the image is black in the beginning, and it turns out that this is because people are standing in front of the camera. De Rijke / de Rooij sabotage the rhetoric of authenticity, and both embrace and expose the guilty pleasures of artifice.

Iconoclasm / Iconophilia
The rhetoric of authenticity in much contemporary photographic and filmic work capitalizes on the indexical nature of the image to naturalize the image; in this respect it is heir to the romantic attempts, after the icono-graphic and formal conventions of academic art had collapsed, to assimilate the creation of art to natural pro-cesses. Romantic and modern art theory often used organic metaphors for works of art, preferably vegetable ones: the work of art as a plant or a fruit. In this context the crystalline metaphor also became popular: from early German romanticism to modernist artists and architects like Paul Klee and Bruno Taut, and beyond, the crystal stood for a form-giving force in nature and as such could function as a model for art.[10] In crystals, nature showed itself to be endowed with formal intelligence even below the organic level, and the orderliness and purity of crystals suited the primitivist streak in modern art. Friedrich Schlegel compared gothic cathedrals to huge crystallizations, and in the paintings of Caspar David Friedrich one can see painting reforming itself towards crystalline formal simplicity—as in the simplified gothic cathedrals and abbeys in many of Friedrich's paintings.[11] But if the crystal demonstrated a formal principle inherent in nature that could help reform art after the collapse of old iconographic as well as formal conventions, it was also deadly rigid. It resembled the most artificial constructions of human technology; perhaps one could naturalize art in this way, but nature seemed already industrialized and artificial. This certainly applies to *Crystals*, a new series of short 16mm films by de Rijke / de Rooij from 2003 which shows microscopic views of various crystals developing. From a greater number of films shot, the artists have ruled out footage with crystals that had too much of a plant-like look. The remaining films show harder crystals with prismatic colours (due to a certain light filter used during the shooting) that give the films an exuberantly unnatural, sci-fi psychedelic look.

In his discussion of the time-image, Deleuze speaks of the crystal-image. The crystal grows and yet it also keeps its past development visible in its structure; as such it can stand for the way certain directors in the regime of the time-image work with layered images—'crystals of time.'[12] *Crystals* almost seems to illustrate this Deleuzian conception, but the films also show how crystal time, after unfolding, becomes stuck. When the crystals have come to fill a large part of the image, their growth is impeded; they freeze. Their past time is indeed still present in the image, but their present is (almost) frozen. No longer dominated by human action and stories, the time-image can lead to a frozen or evaporated time (the crystallization process visible in *Crystals* progresses hand in hand with the evaporation of the fluid on the laboratory slide). The conflict within the romantic / modernist conception of the crystal is thus repeated: the active process of crystallization leads to a rigid result. Rather than naturalizing art, one of Caspar David Friedrich's paintings, *Das Eismeer (Die gescheiterte Hoffnung)* from 1823–25, shows a shipwreck in arctic ice; the hypothetical sailors on this allegorical vessel have met with a cold, crystalline end. De Rijke / de Rooij's film *I'm Coming Home in Forty Days* (1997) shows floating icebergs, and the film conveys a sense of frozen aestheticism, but in contrast to Friedrich's painting there is a temporal flow as the icebergs float along. They may be frozen crystallizations, but they are adrift and in interaction with the camera, creating their own iceberg time.[13]

After the residual naturalism of artists like Klee or Arp, later modernists tried to free themselves still further from a representational use of the crystal or the plant as a model. The 'deductive structure' of works such as Barnett Newman's large canvases traversed by 'zips' (which echo the picture's borders) finds a crystalline principle of rigid construction inherent in the work itself—although the 'optical' space created by such paintings might still be said to be latently representational. In an oblique way, de Rijke / de Rooij refer to this high modernist art in a recent series of black-and white photographs of oriental carpets in actual size. Not only is the size comparable to New York School painting, but in most cases the main elements of the composition also have a 'deductive' relationship with the rug's edges. However, the rugs are more complex and less bold than New York School painting, containing more detail and more deviations from the deductive principle. Paintings by Newman or Rothko still draw on the spatiality of romantic landscape painting; these rugs are intricate rather than sublime, complex rather than heroic. Long after they were exported to Europe (these carpets are from the Rijksmuseum collection), de Rijke / de Rooij have now imported them into the white cube by using photography—in black and white, thus adding a further abstraction from their context. Another carpet from the same collection became the 'star' of the film, *The Point of Departure*. Like early films such as *Chun Tian* and *Forever and Ever*, this film does not consist of one continuous shot. Apart from montage, it also uses special effects to create a vaguely narrative progression through several stages: from the seemingly microscopic images of woolly bits in an engulfing darkness towards tracking shots of the carpet's surface and then images that show the carpet floating and rotating in the blackness like the monolith in *2001: A Space Odyssey*. The ornamental non-image becomes the subject of a film with an almost narrative development. But why, to what purpose? How should one look at these carpets, as they have been imported and framed (both on film and in photographs) by de Rijke / de Rooij?

Oriental carpets (this one being Caucasian rather than Persian) are products of a culture with a strong iconoclastic component, in which visual representations are met with suspicion or hatred. The Taliban regime in Afghanistan took this tendency to an extreme. On the pages that were allotted to them in the catalogue of a group show in 2001, de Rijke / de Rooij presented an image of the Taliban's destruction of the huge Buddhist sculptures in Bamiyan, Afghanistan.[14] Whereas other artists showed a gratuitous jumble of pictures, de Rijke / de Rooij showed just this one. The modest size and factual caption made it clear that the artist did not want to exploit this picture's shock value, but used it as an invitation to think about such an act of iconoclasm and about a paranoid hatred of 'idols' that seems to contrast so strongly with the contemporary Western obsession with the visual. But iconoclasm cannot disguise its own obsession with and libidinal investment in images, nor is it strange that an exacerbated iconophilia should lead to revulsion towards most images. It could be argued that de Rijke / de Rooij are obsessed with the visual to such an extent that they see the proliferation of images as a profanation in today's culture that robs images of their power by creating a kind of visual anaesthesia. If de Rijke / de Rooij are iconoclasts, they are so because they are iconophiles.[15] They are aware that iconoclasm can create strong images—such as the images of the destruction of the Bamyan Buddhas, or, more distantly, the paintings of Protestant images devoid of images painted by Saenredam and other Dutch artists during the 17th century. *Of Three Men*, with its Dutch church transformed into a mosque, seems to be modelled after these. But even works such as Barnett Newman's paintings, which were supposedly no longer images but fields of colour almost enveloping the viewer, become images when they are hanging in a gallery space and if they are seen with people standing before it, or other artworks.

By creating somewhat gaudy films of crystallizations and by showing photographs and films of oriental rugs, de Rijke / de Rooij stimulate the reflection on various forms of iconoclasm. Through photography and film, 'abstract' forms resurface as mediated nonsites in post-conceptual art. The rather spectacular and seductive look of the crystals and the presentation of the rugs as black-and-white photographic 'traces' invite one to question the validity and function of these images. Are the historical attempts to purge modern art of representation devoid of contemporary significance? Are they as historically remote as the carpets? But the carpets themselves seem to be illuminated, perhaps in a distorting fashion, by recent forms of Islamic iconoclasm. 'Iconoclasm' in modern art questioned the self-evident character of image-making; modern art was no longer the creation of images, but the questioning of images, of representations, of the tableaux—which had become a slick industrial commodity in the culture industry. The resurgence of recognizable imagery in art since the 1960s has led to a profusion of slick representation that to a greater or (often) lesser degree resists absorption into today's spectacular visual culture. Drawing on the potential and the contradictions of modernism, de Rijke / de Rooij's images of non-images reaffirm that the task of art should not be the mere creation of images, but the creation of problems that may or may not take the form of images.

Meaning in (More or Less, but not Exclusively) Visual Art
The famous story of Panosky's irritated reaction to the work of Barnett Newman demonstrates the helplessness of the 'humanist' art historian when faced with a work whose grandiose title did not seem to square with its appearance.[16] Although Panofsky's criticism focused on the misspelling of the title *Vir Heroicus Sublimis* as *Vir Heroicus Sublimus* in an *ARTnews* caption, it was obviously fuelled by his conviction that such a title was inappropriate to a composition that he could only see as a meaningless abstract void. One can only speculate how Panofsky would have reacted to a conceptual work such as a Baldessari painting with the words 'Pure Beauty' on a monochrome surface. While Newman sought an alternative to traditional art and its integration in the culture industry by exploring simple and pure forms not corrupted by narrative or anecdote, and by trying to somehow endow them with profound significance, conceptual art continued the reductionist drive of abstract painting by taking art beyond the visual and the formal. As in the case of Newman's work, the results are problematical—and as in the case of Newman, this does not diminish the art's interest (quite the contrary). Freed from the claims made by modernists concerning the intrinsic meaning of formal elements, form in conceptual art became a pragmatic affair, a matter of good design. The design of texts on pages or walls, increasingly

spectacular in the case of an artist such as Lawrence Weiner, took a leading role here, but the rise of design also manifested itself in the arrangement of elements such as texts, photographs, and objects in installations. The rise of photography, film, and video was perfectly compatible with this development, as the integration of indexical images into designed environments was something that the culture industry had already perfected — as early magazine pieces by Smithson and Graham emphasize.

The consequences for contemporary art have been enormous: many shows are now dominated by a kind of lumpen conceptualism in which supposedly meaningful elements are arranged in a vaguely decorative fashion. De Rijke / de Rooij's recent work *Bouquet II* (2003) is a sharp investigation of this state of affairs. The piece consists of both a real flower bouquet and of an illustrated text dealing with the role of women in various forms of Islam. We learn how, after the Miss World pageant of 2001 was won by Agbani Darego from Nigeria, the next Miss World finals automatically were to take place in this predominantly Islamic country. At about this time, the international media paid great attention to the case of Amina Lawal, who was condemned to death by stoning by a Shari'ah court in Nigeria. The Miss World pageant, long decried by feminists, came to have a somewhat progressive aura under these conditions. After a remark by one of the contestants about Muhammed, riots caused the finals of the Miss World pageant to be moved from Nigeria to London. The text juxtaposes these developments with the story of Ayaan Hirsi Ali, a Dutch woman of Somali descent whose criticism of traditional Islam in Somalia caused great controversy. At the end of 2002 Hirsi Ali, by then a major celebrity, made the controversial move of leaving the social-democratic party PvdA and joining the VVD, right wing liberals. Meanwhile in London, Miss Turkey was elected Miss World, but Miss Turkey — Azra Akin — was in fact born and raised in Almelo in the Netherlands. The text is illustrated by a number of colour photographs of the women involved, and the colours have determined those of the flowers forming the Bouquet (the photograph of Hirsi Ali actually contains flowers — tulips, originally from Turkey but by now identified with 'Dutchness'). There is an immense rift in this work: a rift between the discursive and political illustrated text and the patently aesthetic flower piece, which 'takes upon itself the fallen condition of the merely visual,' as Thomas Crow wrote of another work titled *Bouquet*.[17] The colours of the bouquet in *Bouquet II* are based on the colours in one of the photographs accompanying the text, so there is a link between the two parts. It is however a rather tenuous link, and the two parts demand completely different approaches from the viewer / reader. In this way, de Rijke / de Rooij explode the marriage between good intentions and aesthetic design that frequently glosses over the antinomies in contemporary art.

Crystals and the tapestry works foreground their own problematic status as abstracted signs in a very explicit way, but in fact something similar is true for most works by de Rijke / de Rooij. Like *Crystals* with its gaudy colours, *Bantar Gebang* and *Of Three Men* are in a sense too beautiful, too perfect. The apparently documentary image, with its politicized form of synchronic montage, is aestheticized to an almost obscene degree. Must the process of abstraction, even in the case of 'documentary' images, lead to aestheticism, to a purely aesthetic consumption of decontextualized artefacts? The fact that a film such as *The Point of Departure* seems preoccupied with negating rather than transforming conventions of cinema also makes for a strange experience, and the 'retro' feel that accompanies this film as well as earlier works (*Chun Tian*, *Forever and Ever*) suggests a nostalgic escape into the golden age of auteur cinema. It is not easy to decide if such works are truly successful, and on what level. At the very least, de Rijke / de Rooij's work escapes being fodder for effortless consumption, even of an artistic and 'critical' kind. This is no mean feat. There is always something wrong with the abstracted images that de Rijke / de Rooij import into the pure design environment of the white cube; their work exists in a state of permanent crisis, and while this is no guarantee for success, is it an essential precondition.

1   *Jeroen de Rijke & Willem de Rooij: Spaces and Films / Espaces et films 1998–2002* (ed. Eva Meyer-Hermann), Van Abbemuseum Endhoven, Villa Arson, Nice, 2003. This publication also contains a text on the spaces of de Rijke / de Rooij by Georg Schöllhammer, 'Framework, Container, Temple: On the Sculptural Displays for the Film Works of Jeroen de Rijke & Willem de Rooij' (pp. 39-51).

2   Robert Smithson, 'Fragments of an Interview with P.A. [Patsy] Norvell' (1969), in: *The Collected Writings* (ed. Jack Flam), Berkeley / Los Angeles / London: University of California Press, 1996, p. 192.

3   Ibid., p. 193.

4   For this use of the term 'abstrakte Kunst' by Meier-Graefe see the introduction to *Entwicklungsgeschichte der modernen Kunst*, Munich: R. Piper & Co., 1914/1920, part 1, pp. 9-29. This introduction is the same as in the first edition of *Entwicklungsgeschichte* of 1904, although the rest of the text has been drastically revised.

5   See a.o. Jeff Wall, "Marks of Indifference': Aspects of Photography in, or as, Conceptual Art', in: exhib cat. *Reconsidering the Object of Art: 1965–1975, Los Angeles, Museum of Contemporary Art* (eds. Ann Goldstein and Anne Rorimer), 1995, pp. 247–267.

6   See Tom Holert, 'Die Erscheinung des Dokumentarischen', a text to appear early in 2004 in a collection of essays on the documentary, published by Verlag der Buchhandlung Walther König, Cologne.

7   See Thomas Elsaesser, 'Louis Lumière: the Cinema's First Virtualist?', in: *Cinema Futures: Cain, Abel or Cable* (eds. Thomas Elsaesser and Kay Hoffman), Amsterdam: Amsterdam University Press, 1998, pp. 45–61.

8   Gilles Deleuze, *Cinema 2: The Time-Image*, London: Athlone Press, 1989, p. 42.

9   Sven Lütticken, 'Static Cinema. From Moving Image to Still Image—and Back Again', in: *From #4*, July 2001 (published by Witte de With, Rotterdam), pp. 13–20.

10 Regine Prange, 'Das Kristalline', in: exhib. cat. *Ernste Spiele. Der Geist der Romantik in der deutschen Kunst 1790-1990*, Munich, Haus der Kunst (etc.), 1995, pp. 608–615.

11 Friedrich Schlegel, *Briefe auf einer Reise durch die Niederlande, Rheingegenden, die Schweiz und einen Teil von Frankreich* (1805), in: *Kritische Friedrich-Schlegel-Ausgabe deel. 4: Ansichten und Ideen von der christlichen Kunst* (ed. Hans Eichner), Munich / Paderborn / Vienna (etc.): Verlag Ferdinand Schöningh / Thomas Verlag, 1959, pp. 178-179.

12 Deleuze, op. cit. (note 8), pp. 68–97.

13 Vanessa Joan Müller, 'Realistic Abstraction', in: *Jeroen de Rijke / Willem de Rooij: After the Hunt*, New York: Lukas & Sternberg, 2000, pp. 53–65.

14 See exhib. cat. *Casino 2001*, Gent, SMAK, 2001, pp. 94-95.

15 On iconoclasm and iconophilia, see the exhibition catalogue *Iconoclash. Beyond the Image Wars in Science, Religion, and Art* (Bruno Latour and Peter Weibel, eds.), ZKM, Karlsruhe—an important publication that is unfortunately somewhat marred by Bruno Latour's eagerness to defuse iconoclasm by turning it from a resource into a (rather objectionable) topic (p. 15).

16 For the Panofsky / Newman polemic, see: Barnett Newman, *Selected Writings and Interviews* (John P. O'Neill, ed.), Berkeley / Los Angeles: The University of California Press, 1990, pp. 216-220.

17 Thomas Crow, 'Unwritten Histories of Conceptual Art: Against Visual Culture', in: *Modern Art in the Common Culture*, New Haven / London: Yale University Press, 1996, p. 242. The work to which Crow refers is by Christopher Williams, Bouquet, for Bas Jan Ader and Christopher D'Arcangelo (1991).

Werkliste · List of Works

The Point of Departure,
2002, 26 min., 35mm-Film, Farbe, Ton ·
35mm colour film with optical sound
Courtesy Galerie Daniel Buchholz, Köln

Caucasian Rug, Shirwan, Baku, ca. 1800,
2002, C-Print, 328 x 163 cm
Thomas Borgmann, Köln

*Lotto Carpet, probably Ushak, West
Anatolia, 17th century*,
2003, C-Print, 222 x 137 cm
Courtesy Regen Projects, Los Angeles

Bergama, West Anatolia, ca. 1850,
2003, C-Print, 212 x 184,5 cm
Privatsammlung · Private collection,
Zürich

*Persian Rug, Isfahan, Polonaise, early
17th century*,
2003, C-Print, 233 x 148 cm
Sammlung · Collection Ringier

*Anatolian Rug, Kemerihisar, late 19th
century*,
2003, C-Print, 304 x 144 cm
DekaBank Kunstsammlung,
Frankfurt/Main

Anatolian Rug, Konia, 17th century,
2002, C-Print, 221 x 111 cm
Sammlung · Collection Daniel Buchholz
und · and Christopher Müller, Köln

The Point of Departure,
2002, C-Print, 127,5 x 187 cm
Thomas Borgmann, Köln

Bouquet I, 2002
Thomas Borgmann, Köln

Bouquet II, 2003
Sammlung · Collection Carol Greene,
New York

Crystals I–IX,
2003, 15 min., 16mm-Film, Farbe,
stumm · 15 min, 16mm colour film, mute
Courtesy Galerie Daniel Buchholz, Köln

Crystals X–XII,
2003, 5 min., 16mm-Film, Farbe,
stumm · 5 min, 16mm colour film, mute
Courtesy Galerie Daniel Buchholz, Köln

Biografie · Biography

Jeroen de Rijke
(*Brouwershaven, 1970)
Willem de Rooij
(*Beverwijk, 1969)
Beide leben und arbeiten · both live and
work in Amsterdam

1990–1995
Gerrit Rietveld Akademie, Amsterdam
1997–1998
Rijksakademie, Amsterdam

Einzelausstellungen · Solo Exhibitions
2003
Kunsthalle Zürich, Zürich
The Douglas Hyde Gallery, Dublin (K)
Regen Projects, LA
Studio, Van Abbemuseum, Eindhoven

2002
Galerie Daniel Buchholz, Köln
The ICA, London
Villa Arson, Nice (K)

2001
Kunsthalle, Hamburg
The National Museum of Contemporary
Art, Oslo (K)
Regen Projects, LA

2000
Galerie Rüdiger Schöttle, München
Kunsthaus Glarus, Glarus
Statements, Galerie Daniel Buchholz,
Art Basel
Stedelijk Museum Bureau Amsterdam (K)

1999
Galerie Daniel Buchholz, Köln
Städtisches Museum Abteiberg,
Mönchengladbach (K)
Fri-Art, Fribourg, Schweiz

Gruppenausstelungen (Auswahl) · Group
Exhibitions (selected)
2003
Prosessi, Museum of Contemporary Art
KIASMA, Helsinki
>> fast forward. Media Art Sammlung
Goetz, Zentrum für Kunst und Medien-
technologie, Karlsruhe (K)
Géographies 3, Galerie Chantal Crousel,
Paris
Die Realität der Bilder. Zeitgenössische
Kunst aus den Niederlanden, Staatliches
Museum, Schwerin (K)
Nation, Frankfurter Kunstverein,
Frankfurt/Main (K)
Inaugural Exhibition, Regen Projects,
Los Angeles

2002
Die Kraft der Negation, Thematisches
Wochenende im Rahmen des Festivals
„Theater der Welt", Schauspielhaus,
Köln, und Volksbühne, Berlin, kuratiert
von Diedrich Diederichsen
Centre of Attraction, The 8th Baltic
Triennial of International Art, Contem-
porary Art Centre, Vilnius (K)
Tableaux Vivants. Lebende Bilder und
Attitüden in Fotografie, Film und Video,
Kunsthalle Wien (K)
View Master, NICC, Antwerpen
Malerei ohne Malerei, Museum der
Bildenden Künste, Leipzig (K)

2001
Casino 2001, SMAK, Gent (K)
Neue Heimat, Frankfurter Kunstverein,
Frankfurt/Main (K)
International Triennale of Contemporary
Art Yokohama 2001, Yokohama (K)
Neue Welt, Frankfurter Kunstverein,
Frankfurt/Main (K)
Squatters, Fundacao de Serralves, Porto
(K)
Deliberate Living, Greene Naftali Gallery,
New York

2000
Anti Memory, Museum of Art Yokohama,
Yokohama (K)
Still/Moving, National Museum of
Modern Art, Kyoto (K)
Stedelijk van Abbemuseum, Eindhoven
Global Positions, Der Standard, museum
in progress, Wien

1999
L'Autre Sommeil, Musée d'Art Moderne
de la Ville de Paris, ARC, Paris (K)
To the People of the City of the Euro,
Frankfurter Kunstverein, Frankfurt/
Main (K)

1998
Seamless, Stichting de Appel Founda-
tion, Amsterdam (K)
Manifesta 2, Casino Luxembourg,
Luxembourg (K)
h:min:sec, Kölnischer Kunstverein, Köln
Grown in Frozen Time, Shed im Eisen-
werk, Frauenfeld, Schweiz

1997
Prix de Rome 96, Dordrecht Museum,
Dordrecht (K)
IDFA (International Documentary
Museum), Amsterdam (F)
Verbindingen/Jonctions, Palais des
Beaux Arts, Brüssel

1996
Timing, de Appel Foundation,
Amsterdam (F)

1995
Nederlands Filmfestival, Utrecht (F/K)
Double You Street 139, W 139,
Amsterdam (F)

K = Katalog · catalogue
F = Filmvorführung · film screening

Bibliografie · Bibliography

2003
Affentranger-Kirchrath Angelika, „Irritierende Schönheit. Jeroen de Rijke und Willem de Rooij in der Kunsthalle Zürich", *Neue Zürcher Zeitung*, Zürich, 20.11.2003, S. 54.
Basting, Barbara, „Die angestrengte Politisierung des Blumenstrausses", *Tages-Anzeiger*, 29.11.2003.
Meier Günther, „Ausstellung de Rijke / de Rooij", *NZZ am Sonntag*, Zürich, 23.11.2003, S. 77.
Mac Giolla Léith, Caoimhín, „Of Three Films", Ausst.-Kat., The Douglas Hyde Gallery, Dublin 2003, S. 4–12.
Hutchinson, John, Ausst.-Kat., The Douglas Hyde Gallery, Dublin 2003, S. 2–3.
„De Rijke/de Rooij in der Kunsthalle", *Kunst-Bulletin*, Nr. 12, 2003, S. 65–66.
Vanhala, Jari-Pekka: „Maisema – Landscape", *Process. Encounters in Live Situations / Shifting Spaces #2*, KIASMA (Hrsg.), 2003.
Trembley, Nicolas, „Polairs", *Numéro*, Nr. 48, November 2003, S. 48.
Jeroen de Rijke/Willem de Rooij, *>> fast forward. Media Art Sammlung Goetz*, Ausst.-Kat., Zentrum für Kunst und Medientechnologie, Karlsruhe 2003, S. 322–325.
Lambrecht, Luk, „Audiovisuele kunst op internationaal niveau", *De Morgen*, 21.10.2003.
Royoux, Jean-Christophe, „Imago Mundi. A hypothesis on the images of Jeroen de Rijke and Willem de Rooij", Ausst.-Kat., argos-Festival, Brüssel 2003, S. 100–111.
Higgie, Jennifer, „Jeroen de Rijke & Willem de Rooij", *Frieze Art Fair. Yearbook 2003/4*, hrsg. v. frieze, London 2003.
Lütticken, Sven, „Import en Assimilatie", *De Witte Raaf*, Brüssel, Nr. 104, Sept.– Okt. 2003, S. 9.
Pagel, David, „Carpet's Magic Pulls at Emotions", *Los Angeles Times*, 4.7.2003, S. E21, Abb.
Ruf, Beatrix, „de Rijke/de Rooij", *Cream 3. Contemporary Art in Culture*, London 2003, S. 320–323.
de Rijke, Jeroen/de Rooij, Willem, „Azra Akin, Agbani Darego, Ayaan Hirsi Ali, Amina Lawal", *Springerin*, vol. IX, Nr. 1/2003, S. 42–45.
Lorch, Catrin, „Jeroen de Rijke und Willem de Rooij: The Point of Departure", *Springerin*, 1/2003, S. 70f.
Diederichsen, Diedrich, „Another Country", *Jeroen de Rijke & Willem de Rooij. Spaces and Films 1998–2002*, Ausst.-Kat., Eva Meyer-Hermann (Hrsg.), Van Abbemuseum, Eindhoven 2000; Villa Arson, Nice 2002, Van Abbemuseum, Eindhoven 2003, S. 12–24.

Schöllhammer, Georg, „Framework, Container, Temple. On the Sculptural Displays for the Filmworks of Jeroen de Rijke & Willem de Rooij", *Jeroen de Rijke & Willem de Rooij. Spaces and Films 1998–2002*, Ausst.-Kat., Eva Meyer-Hermann (Hrsg.), Van Abbemuseum, Eindhoven 2000; Villa Arson, Nice 2002, Van Abbemuseum, Eindhoven 2003, S. 39–51.
„Focus Video And Film – Contemporary Video Art (Part II)", *Flash Art*, Nr. 229, März–April.
Jager, Hans den Hartog, „Beter af op de vuilnisbelt". *NRC Handelsblad*, 17.1.2003, S. 21.

2002
Frangenberg, Frank, „Die Teppiche und ihre Ornamente", *Kölner Stadt-Anzeiger*, Nr. 251, 29.10.2002.
„Jeroen de Rijke / Willem de Rooij", *Centre of Attraction*, Ausst.-Kat. z. 8. Baltic Triennial of International Art, Vilnius, 14.9.–3.11.2002, S. 76–79.
Herbert, Martin, „The glossy untruth", *Tema Celeste*, Oktober 2002, S. 58–63.
Bang Larsen, Lars, „de Rijke/de Rooij", *Art Now – 137 Artists at the Rise of the New Millennium*, Uta Grosenick & Burkhard Riemschneider (Hrsg.), Köln 2002.
Bishop, Claire, „In the shadow of the Dutch masters", *Evening Standard*, 31.5.2002, S. 42.
Folie, Sabine, *Tableaux Vivants – Lebende Bilder und Attitüden in Fotografie, Film und Video*, Ausst.-Kat., Kunsthalle Wien, 24.5.–28.8.2002.
Bertolino, George, „Peinture et cinéma", *Nice-Matin*, 5.5.2002.
Intra, Giovanni, „project: de Rijke / de Rooij", *artext*, Nr. 76, Frühjahr 2002, S. 30–35.
„Jeroen de Rijke and Willem de Rooij", *The Guardian*, London.
Herbstreuth, Peter, „Ausgepinselt – Das Museum der bildenden Künste Leipzig sieht 'Malerei ohne Malerei'", *Der Tagesspiegel* und *Potsdamer Neueste Nachrichten*, beides 14.2.2002.
Müller, Vanessa Joan, „Jeroen de Rijke/Willem de Rooij: 'Of Three Men'", *Malerei ohne Malerei*, Ausst.-Kat., Dirk Luckow, Hans-Werner Schmidt (Hrsg.), Gemeinschaftsprojekt des Museum der bildenden Künste Leipzig, des Siemens Arts Program 2002, S. 64, 122, Abb. S. 65–67.
Gaines, Malik, „Jeroen de Rijke / Willem de Rooij", *Tema Celeste*, Januar/ Februar 2002, Nr. 89, S. 87.

2001
ani, „Neue Welt", *Frankfurter Rundschau*, Ausgabe D, 1.7.2001.

Blom, Ina, „Director's Cut (Beauty Operations) / Director's Cut (Skjonnhetseffekten)", *de Rijke / de Rooij: Director's Cut*, Ausst.-Kat., The National Museum of Contemporary Art · Museet for Samtidskunst, Oslo, 23.3.–20.5.2001, S. 7–14 (engl. Text), S. 22–29 (norweg. Text).
Blom, Ina, „De Rijke og de Rooij. Tre Filmer / De Rijke and de Rooij. Three Films", Broschüre des Museet For Samtidskunst / The National Museum of Contemporary Art, Frühjahr, Januar– Juni 2001, S. 10–11.
Casino 2001, 1st Quadriennale voor Hedendaagse Kunst, Gent, Ausst.-Kat., SMAK Gent, 28.10.2001–13.1.2002, Gent 2001, S. 95.
de Rijke, Jeroen / de Rooij, Willem, *Squatters*, Ausst.-Kat., Fundacao de Serralves, Porto, 23.7.–16.9.2001, S. 108, Abb. S. 109.
Glarner Kunstverein Mitteilungen 3/01, Jahresbericht 00/01, Kunsthaus Glarus · Glarner Kunstverein, S. 12–13.
Larsen, Lars Bang, „What Beauty Saves the World? Hva slags skjonnhet kan redde verden?", *de Rijke / de Rooij: Director's Cut*, Ausst.-Kat., The National Museum of Contemporary Art · Museet for Samtidskunst, Oslo, 23.3.–20.5.2001, S. 17–21 (engl. Text), S. 30–34 (norweg. Text).
McFarland, Dale, „Being There", *frieze*, Nr. 56, Januar–Februar, S. 90–93.
Myers, Holly, „Truth in Motionlessness", *Los Angeles Times*, 9.11.2001.
Rosenberg, Karen, „Deliberate Living", *Untitled*, Nr. 24, Frühjahr 2001, S. 29.

2000
Arb, Eugen von, „Scheitern mit Stil und Poesie", *Aargauer Zeitung*, 11.10.2000, S. 14.
„Kunsthaus Glarus – de Rijke/de Rooij", *Praxis*, Nr. 36.
Bouwhuis, Jelle, „Jeroen de Rijke / Willem de Rooij", *Still/Moving, Contemporary Photography, Film and Video from the Netherlands*, Ausst.-Kat., The National Museum of Modern Art, Kyoto, 8.8.–24.9.2000, S. 124–125, Abb. S. 126–129, engl. Übersetzung S. 153–154.
Echterhoff, Gerald, „It is beautiful, isn't it?", *Texte zur Kunst*, 10 Jg., Nr. 37, März 2000, S. 287–290.
Kothenschulte, Daniel, „Jeroen de Rijke & Willem de Rooij", *Flash Art*, vol. XXXIII, Nr. 215, November–Dezember 2000, S. 97.
Loers, Veit, „Observations on de Rijke / de Rooij's 'Of Three Men'", *Jeroen de Rijke / Willem de Rooij. After the Hunt*, Ausst.-Kat., Museum Abteiberg, Mönchengladbach; Frankfurter Kunstverein,

Frankfurt/Main 1999, New York 2000,
S. 25–32 (engl. Text), 121–127 (dt. Text).
Müller, Vanessa Joan, *Jeroen de Rijke /
Willem de Rooij. After the Hunt*, Ausst.-
Kat., Museum Abteiberg, Mönchen-
gladbach; Frankfurter Kunstverein,
Frankfurt/Main 1999, New York 2000,
S. 35–173.
Schafhausen, Nicolaus, „Interview with
de Rijke / de Rooij. If only all rooms
would so clearly fulfill their purpose...“,
*Jeroen de Rijke / Willem de Rooij. After
the Hunt*, Ausst.-Kat., Museum Abtei-
berg, Mönchengladbach; Frankfurter
Kunstverein, Frankfurt/Main 1999,
New York 2000, S. 9–23 (engl. Text),
101–118 (dt. Text).
Stange, Raimar, „Zu schön, um wahr zu
sein?“, *Kunst-Bulletin*, Nr. 11, November
2000, S. 18–23.
Vogel, Matthias, "Burleske und leise
Geschichten", *Neue Zürcher Zeitung*,
5.10.2000, S. 65.
Wetterwald, Elisabeth, „L'autre sommeil“,
Parpaings, Januar 2000.

1999
Auffermann, Verena, „Alle Ekstasen im
Schrank - Das Innen nach außen. Neue
Ausstellungsstrategien in Frankfurt“,
Süddeutsche Zeitung, 10./11.7.1999.
Basualdo, Carlos, „Panic Desire“,
L'Autre Sommeil, Ausst.-Kat., Musée
d'Art Moderne de la Ville de Paris,
17.11.1999–23.1.2000, S. 91–99.
Braak, Lexter, „Kalme eindeloosheid“,
Metropolis M, Nr. 6, Dezember 1999–
Januar 2000.
„A Fri-Art, trois Hollandais multiplient
les sensations“, *Der Bund*, 22.5.1999.
Danicke, Sandra, „Der Raum und seine
Ordnung. 'To the Pepole of the City of
the Euro' im Kunstverein“, *Frankfurter
Rundschau*, Nr. 123, 31.5.1999.
Elstgeest, Tanja, „The Film Rolls, a
Thought Takes Shape ...“, *Cross*,
Nr. 2/1999, S. 123-129.
Hierholzer, Michael, „Spiegelungen der
Stadt im künstlichen Raum“, *Frankfurter
Allgemeine Zeitung*, Nr. 122, 29.5.1999.
Huther, Christian, „To the People of the
City of the Euro“, *Kunstforum Interna-
tional*, Bd. 147, September–November,
S. 417–418.
Larsen, Lars Bang, „Off the silver
screen“, *nu: - The Nordic Art Review*,
Nr.1/1999, S. 54–57.
„Film im Film. Rauminstallation von de
Rijke / de Rooij im Museum Abteiberg“,
Mönchengladbach Aktuell, 1.6.1999.
Müller, Vanessa Joan, „Jeroen de Rijke
und Willem de Rooij“, *frankfurter kunst-
verein. Hefte 0/1999*, Mai , S. 13.
Orzessek, Arno, „Auge, blick mal! Die
Ausstellung 'h:min:sec' in Köln: Auf dem
Höhepunkt des Tempos hält die Kunst

die Uhr an“, *Süddeutsche Zeitung*,
Nr. 273, Dezember 1998, S. 14.
Roos, Renate, „Jeroen de Rijke / Willem
de Rooij“, *Kunstforum International*,
Bd. 148, Dezember 1999–Januar 2000,
S. 344.
Roos, Renate, „Indische Impressionen –
Vier Filmsequenzen 'Forever and Ever'“,
Kölner Stadt-Anzeiger, 30.9.1999.
Schmitz, Rudolf, „Waschbeton hinter
Dauerregenschleier“, *Frankfurter Allge-
meine Zeitung*, Nr. 129, 8.6.1999,
S. 5.
Wirth, Heidrun, „Indien-Illusion“,
Kölnische Rundschau, 2.10.1999.

1998
Blase, Christoph, „Luxemburger
Pluralismus. Zur Manifesta 2“, *Kunst
Bulletin*, Nr. 9/1998, S. 16–21.
Frehner, Matthias, „Nachdenkliche junge
Kunst zwischen Lift und Eis. Manifesta 2
in Luxemburg“, *Neue Zürcher Zeitung*,
7.7.1998.
Imdahl, Georg, „So lange es dauert –
wem die Stunden, Minuten, Sekunden
schlagen: Der Kölner Kunstverein nimmt
sich die Zeit“, *Frankfurter Allgemeine
Zeitung*, Nr. 271, 21.11.1998, S. 38.
Jager, Hans den Hartog, „Werkelijkheid
als kunst op de Manifesta in Luxem-
burg“, *NRC Handelsblad*, 27.6.1998.
Lind, Maria, „The Biography of an
Exhibition“, *Manifesta 2*, Ausst.-Kat.,
Luxemburg.
Luz, Kathrin, „Mitgegangen, Mitgehan-
gen, Mitgefangen, Die Manifesta in
Luxemburg: Drei Kuratoren auf Identi-
tätssuche“, *Noema*, Nr. 49, Oktober/
November 1998, S. 104–105.
*manifesta 2 – Europäische Biennale für
zeitgenössische Kunst*, Luxemburg,
28.6.–11.10.1998, Mini-Guide, S. 63.
Seijdel, Jorinde, „Koud comfort“,
Het Financieele Dagblad, 18.4.1998.
Verhoeven, Martijn, „Films over Afstand
en vervreemding“, *Seamless*, Ausst.-
Kat.

1997
Carels, Edwin, „Broedend Brussel“,
Metropolis M, Jg. 18, Nr. 3, S. 46.

1996
Breddels, Lilet, *Prix de Rome 1996*,
Ausst.-Kat., Amsterdam 1996, S. 78–79,
81, 100–105.
Rozendaal, Ernst-Jan, „Beeldend
kunstenaars per film“, *Provinciale
Zeeuwse Courant*, 8.6.1996.

1995
Beerekamp, Hans, „Veel kunst om de
Kunst bij eindexamens Rietveldacade-
mie“, *NRC Handelsblad*, 28.6.1995.

Impressum · Colophon

Dieser Katalog erscheint anlässlich der Ausstellung · This catalogue is published to accompany the exhibition *de Rijke / de Rooij*, Kunsthalle Zürich, 15.11. 2003 – 11.1. 2004.

Ausstellung · Exhibition:
Beatrix Ruf
Assistenz · Assistance:
Beatrice Steiner, Alfonso Negri
Technik · Technical Assistance:
Attila Panczel

Kunsthalle Zürich
Limmatstrasse 270, 8005 Zürich
Schweiz · Switzerland
Tel. +41 (0)1 272 15 15,
Fax +41 (0)1 272 18 88
info@kunsthallezurich.ch
www.kunsthallezurich.ch

Katalog · Catalogue
Herausgeber · Editor:
Beatrix Ruf, Kunsthalle Zürich, Zürich
Konzeption · Concept:
Christopher Müller, Jeroen de Rijke, Willem de Rooij
Grafische Gestaltung · Graphic Design:
Yvonne Quirmbach, Köln
Redaktion · Editing:
Christopher Müller, Beatrix Ruf
Übersetzung · Translation:
Catherine Schelbert (Englisch/Deutsch · English/German), NANSEN (Deutsch/ Englisch · German/English), ManRey Übersetzungen (Niederländisch/Deutsch · Dutch/German), Robyn de Jong (Niederländisch/Englisch · Dutch/English)
Lektorat · Proofreading:
Ralf Schauff, Köln
Fotografie · Photographs:
A. Burger, Zürich; Lothar Schnepf, Köln; Jürgen Schmidt, Köln
Lithografie · Reproduction:
Farbanalyse, Köln
Druck · Printed by Druckerei Fries, Köln

Erschienen bei · Published by
JRP/RINGIER

Contact JRP Editions
39 rue des Bains, 1205 Genève
Schweiz · Switzerland
Tel. / Fax +41 (0)22 320 37 20
jrp@worldcom.ch
www.jrp-editions.com

ISBN 2-940271-33-X

Printed in Germany

© 2003 Jeroen de Rijke, Willem de Rooij, Kunsthalle Zürich, und die Autoren · and the authors
© 2003 für die abgebildeten Werke bei den Künstlern und der Galerie Daniel Buchholz, Köln · for the reproduced works by the artist and Galerie Daniel Buchholz, Cologne

Dank · Acknowledgments
Die Kunsthalle Zürich dankt · Kunsthalle Zürich would like to thank:
Präsidialdepartement der Stadt Zürich; Mondriaan Stichting; Blumenhalle, Zürich; Rahel Blättler; Dany Boller; Daniel Buchholz; Corina Enzler; Basil Kobert; Boris Knorpp; Flavio Morganti; Christopher Müller; Patrick Neithard; Sandra Porchet; Yvonne Quirmbach; Thomas Sauer; Jacqueline Uhlmann; Nina Weber

den Leihgebern · the lenders:
Jeroen de Rijke; Willem de Rooij; Thomas Borgmann, Köln; Galerie Daniel Buchholz, Köln; Carol Greene, New York; Regen Projects, Los Angeles; Sammlung Ringier
und Leihgebern, die nicht genannt werden möchten · and private lenders who wish not to be mentioned.

Die Künstler danken · the artists thank:
Jan van Adrichem, Daniel Buchholz, Ebeltje Hartkamp-Jonxis, Fred Hess, Christopher Müller, Rijksmuseum, Amsterdam, Beatrix Ruf, Johannes Schwartz, Martine Stig, the authors.

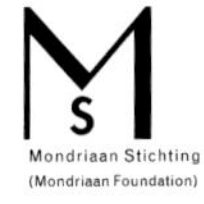

Tsuwano, Shimane-ken, September 2001